CP
vers le CE1

Les incollables

GW00601359

Bienvenue dans TON cahier de vacances !

0761680513
0760362914

Complète ton cahier dans l'ordre que tu veux.

À chaque double page, commence par l'exercice que tu préfères.

ce cahier est à :

.... *Noé* ....

Pas touche !

Résous l'énigme du chevalier Jules Mêmepaspeur au fil des indices.

Colle tes parents avec des quiz étonnants.

Relève les défis proposés entre amis & en famille.

Les dessins sont réalisés par :
Laure Dufay & Elsa Fouquier.

Et aussi : Laurent Kling, Antoine Corbineau
et Shiilia pour la couverture.

Amuse-toi à réviser avec les Incollables

C'est parti !

Les Incollables remercient d'abord les super professeurs des écoles qui ont conçu les exercices :
Stéphanie Neumayer pour le français, l'anglais et la découverte du monde et Elise Mounié pour les mathématiques.
Merci aussi à Céline Potard pour ses bonnes idées de jeux, à Sophie Bresdin pour ses textes originaux
et à Esther Thibaut pour ses activités musicales... bien rythmées ! Merci à Stéphanie Ribeaud pour sa relecture attentive
et à Bruno Hourst et Patrick Dorpmund de Mieux-Apprendre pour leurs bons conseils.

Un grand bravo enfin à Geneviève de La Bretesche/Comme un éditeur, Pascale Darrigrand et Maria Inés Langand,
pour la réalisation de ce cahier.

Les Incollables, c'est une grande équipe : Thomas Bourguet, Jean-Louis Broust, Gaétan Burrus, Marine Courvoisier,
Anne-Sophie Congar, Corinne Fleury, Brigitte Legendre, Laure Maj, Karine Marigliano, Olivia Maschio Esposito, Véronique Sem,
Marie-France Wolfsperger.

Un message inquiétant

Alors qu'il prend tranquillement son petit déjeuner, le chevalier Jules Mêmepaspeur est interrompu par un messager envoyé par le seigneur Piquetou qui lui tend un parchemin. Jules, inquiet, le déroule et lit :

« Azalée, votre fiancée bien-aimée, est retenue prisonnière dans la plus haute tour du donjon de mon château. 21 portes fermées à triple tour la privent de liberté. Seul votre courage pourra la délivrer. »

– Ce n'est pas tout, poursuit le messager, devant chaque porte se trouve un dragon féroce et vous devrez grimper sur 21 échelles pour atteindre les 21 serrures. »

– Quel horrible personnage, il sait bien que j'ai le vertige ! s'exclame le chevalier Mêmepaspeur, mais s'il croit que je vais renoncer, il va être déçu ! Pour sauver Azalée, je ferais n'importe quoi ! »

Lis le texte. Puis coche le résumé qui correspond à l'histoire.

☐ Le chimpanzé Jules Mêmepaspeur doit délivrer la princesse Chicorée.

☒ Le chevalier Jules Mêmepaspeur doit délivrer la princesse Azalée.

☐ Le chevalier Jules Piquetou doit délivrer la tigresse Azalée.

Relie chaque personnage à son nom.

FRANÇAIS

La princesse Azalée   Le dragon   Le chevalier Jules Mêmepaspeur   Le seigneur Piquetou

> Aide Jules à délivrer sa belle princesse !

Pour délivrer sa princesse, Jules Mêmepaspeur doit grimper jusqu'au donjon à l'aide de 21 échelles. Pour y arriver, le dragon te **donne un indice** à chaque double page de ton cahier : tu devras trouver la bonne réponse et prendre à chaque fois l'échelle correspondante pages 58-59, pour aider Jules. Une fois ton cahier fini, il aura rejoint Azalée.

Sais-tu te repérer dans le temps ?

Vive les vacances ! Jules veut garder un souvenir de son super voyage.

Note ce qu'il a fait en recopiant les mots en rouge dans le calendrier.

Juillet de l'an 1237

lun 1	mar 2	mer 3					
jeu 4	ven 5	sam 6	dim 7				
lun 8 Départ	mar 9 Panne	mer 10	jeu 11				
ven 12	sam 13	dim 14	lun 15				
mar 16 départ	mer 17	jeu 18	ven 19				
sam 20	dim 21	lun 22	mar 23				
mer 24	jeu 25	ven 26	sam 27				
dim 28 la mer.	lun 29	mar 30	mer 31				

Août de l'an 1237

jeu 1 natation.	ven 2	sam 3	dim 4
lun 5	mar 6	mer 7	jeu 8
ven 9	sam 10	dim 11	lun 12
mar 13	mer 14	jeu 15	ven 16
sam 17 montagne	dim 18	lun 19	mar 20
mer 21	jeu 22	ven 23	sam 24 fin
dim 25 retour	lun 26	mar 27	mer 28
jeu 29	ven 30	sam 31	

Juillet :

✪ **8 : départ** en voyage.

✪ **Deux jours plus tard : panne** de cheval, Jules revient au château.

✪ **Le mardi d'après : nouveau départ.**

✪ **28 juillet :** Jules découvre **la mer.**

Août :

✪ **2 :** Jules prend des leçons de **natation.**

✪ **17 :** Jules part pour **la montagne.**

✪ **Une semaine plus tard :** c'est la **fin** des vacances.

✪ **25 août :** Jules est de **retour** au château.

Indice n° 1
Quelle est la dernière lettre de l'alphabet ?

RÉCRÉ
– de 1 en 1 à rebours de 43 à 0.
– de 2 en 2 de 0 à 32.

Écris le nombre correspondant en chiffres. **mémo**

3 dizaines et 5 unités : 35

5 dizaines : 50

8 unités et 9 dizaines : 98

3 unités et 7 dizaines : 73

9 unités : 9

1 dizaine et 4 unités : 14

6 dizaines et 7 unités : 67

8 dizaines et 8 unités : 88

Qui comptera le plus vite ? Tous les membres de la famille peuvent participer !

AVANT
DE COMMENCER

Prends une feuille
et un crayon
et fais un gros
gribouillage.
Ensuite tu seras
plus détendu
pour travailler.

Drôles de dominos !
**Colorie uniquement ceux dont
la somme des deux parties est
égale à 10.**

mémo **7**

MATHÉMATIQUES

Indice n° 2
Quel nombre
complète la suite :
2 – 4 – 6 – 8 ?

Complète le tableau
pour que la somme
de chaque ligne et de chaque colonne soit égale à 20.

4	7	9
11	3	6
5	10	5

FRANÇAIS

Aide Jules
à recopier
ces mots
dans l'ordre
alphabétique.

château   épée   donjon   armure

armure – château – donjon – épée

4

Suis les indications du texte et trace sur le plan le chemin que prend Jules pour aller de sa tente à la plage.

Jules part pour sa leçon de natation. Il sort de son campement, tourne à droite pour caresser une jolie licorne, passe devant le magasin de nourriture pour dragons, tourne à gauche pour s'acheter une bouée en plumes de faucon.
Ça y est, la plage est devant lui !

Devine... devine... quelle lettre je suis, c'est facile !

✪ Je suis juste après le i. **Qui suis-je ?** ....

✪ J'ai trois ponts. On me confond souvent avec mon cousin qui n'en a que deux. **Qui suis-je ?** ....m........

✪ Ma place est juste avant ce coquin de y.
Qui suis-je ? x..................

✪ On me confond souvent avec mon copain le d.
Pourtant, moi j'ai un gros bidon et lui un gros derrière...
Qui suis-je ? b..................

Entoure un lapin sur trois.

Petit défi pour t'amuser !
Chante une chanson de ton choix le plus fort puis le plus doucement possible.

Mets-toi debout, étire-toi en tendant les bras jusqu'au ciel, puis plie les genoux et va toucher tes orteils. Recommence 3 fois. Maintenant tu es détendu et prêt à te mettre au travail.

FRANÇAIS

Oups ! Jules ne se souvient plus comment s'écrivent ces mots.

Barre ceux qui sont faux.

J'ai trop de chance/chonce !

Ma maison/mauson est un château.

Je chase/chasse tout plein/plien d'animaux.

Un jour, j'ai même vu un guépard/gépard.

Et moi, Jules, je n'ai même pas eu peur/peir !

DÉCOUVERTE

Lis le texte et relie chaque activité de Jules à la bonne horloge.

Jules se lève à 8 heures et demie pour partir en mission.
À midi, il a faim et dévore un bon ragoût de lapin.
À 6 heures et demie, il plonge dans une mare pour se laver.
À 9 heures, il s'endort en regardant les étoiles...

Sais-tu lire l'heure ?

Remets les mots de cette phrase dans l'ordre puis recopie-la.

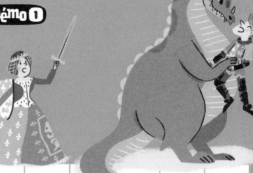

chevalier - Azalée. - la - Le - Jules - va - Mêmepaspeur - sauver - princesse

Le chevalier Jules Mêmepaspeur va sauver la princesse Azalée.

Il manque la moitié du château de Jules. À l'aide d'une règle, termine le quadrillage en respectant la symétrie. Puis colorie-le.

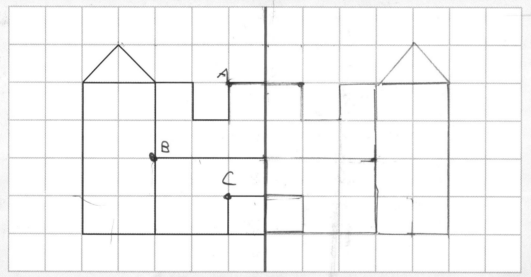

Indice n° 3

Avec quoi prépare-t-on la purée ?

MATHÉMATIQUES

Calcule en ligne le plus vite possible :

2 + 5 + 2 = 9

4 + 7 + 6 = 17

5 + 8 + 2 + 5 = 20

3 + 3 + 9 + 1 = 16

8 + 4 + 8 = 20

6 + 5 + 5 + 6 = 22

ASTUCE

Pour compter plus vite, essaie d'associer les doubles ou les compléments à 10.

RÉCRÉ

Colle tes parents !

Demande-leur de dire à toute vitesse :
« Qu'a bu l'âne au lac ?
Au lac, l'âne a bu l'eau. »

7

Découvre les animaux qui habitent la banquise et ceux qui habitent la savane. Les uns ont toujours froid et les autres toujours chaud. Ils ne pourraient pas échanger leur habitat !

À LA DÉCOUVERTE DE LA NATURE

L'albatros

Je me nourris de krills, ces délicieuses petites crevettes, de poissons et de calamars. Quand j'ai trouvé une femelle, je lui suis fidèle toute la vie. Pour décoller, je dois d'abord courir car je suis lourd et je ne m'envole pas facilement.

L'ours blanc

Je mesure de 2 à 3 mètres et je pèse 500 kilos. Je suis le plus grand des carnivores terrestres, et je me nourris presque uniquement de phoques. Je vis sur la banquise, qui disparaît peu à peu à cause du réchauffement climatique. Si celle-ci disparaît, alors tous les ours blancs disparaîtront à leur tour.

La girafe

Je pèse environ 900 kilos. Je suis l'animal le plus grand vivant sur Terre et je mesure environ 5 mètres. Je dors très peu, je ne m'allonge pas, je somnole les yeux ouverts. Je suis herbivore.

L'éléphant

Je mesure 4 mètres et je pèse environ 5 tonnes. J'ai de grandes oreilles alors que mon cousin d'Asie en a des petites. Au bout de ma trompe, il y a deux « doigts » qui me permettent de prendre les feuilles pour les porter à ma bouche.

8

Le phoque du Groenland

Je mesure environ 1,60 mètre et je pèse 150 kilos. J'aime passer des heures dans l'eau. En hiver, je vis sur la banquise où je prends parfois des bains de soleil ! Je mange toutes sortes de poissons. En une année, j'avale 800 kilos de nourriture.

La baleine

Je peux mesurer jusqu'à 30 mètres et peser 150 tonnes. Je suis le plus gros animal de la planète. Je ne mange que du plancton et des krills. Mes grandes dents blanches s'appellent des fanons. Je suis une espèce menacée car on me chasse dans certains pays.

Le manchot empereur

Je mesure 1,20 mètre et je pèse entre 20 et 40 kilos. Je suis un oiseau incapable de voler mais je nage très bien. Je mange des krills ainsi que toutes sortes de poissons. Chez nous, c'est le mâle qui couve pendant que la femelle va chercher de quoi manger.

Le zèbre

Je pèse environ 300 kilos. Les lionnes et les hyènes me chassent souvent car elles apprécient ma chair mais je me défends en courant vite et en donnant des coups de sabots. Je suis herbivore : je me nourris d'herbe et de feuilles.

Le mandrill

J'ai un nez très allongé qui me fait parfois ressembler à un chien. Je me nourris surtout de plantes, mais j'apprécie aussi les petits animaux et les insectes. Je dors dans les arbres pour me protéger des bêtes sauvages.

Le lion

Je pèse environ 200 kilos. Je suis le plus grand carnivore d'Afrique : je dévore 7 kilos de viande par jour. Je ne chasse pas : c'est la lionne qui est chargée de ce travail. Je peux faire des bonds de 11 mètres de long !

Pour travailler tranquillement sans être dérangé, éteins la radio et la télévision.

who are you?

ANGLAIS

Jules a rencontré une princesse anglaise *very chic* avec son petit chien. Ils ont l'air déjà très amis.

Relie chaque personnage à sa bulle, complète la tienne et dessine-toi.

"Hello, I'm Mary, I'm a girl."

"Hello, I'm Tatoo, I'm a dog."

"Hello, I'm Jules, I'm a boy."

"Hello, I'm _____, I'm _____."

MATHÉMATIQUES

mémo 3

En t'aidant de l'exemple, écris en lettres le nombre qui vient juste après le nombre donné. Exemple : 10 – onze.

12 – 13 treize

96 – 97 quatre vingt se

53 – cinquante trois

47 – quarante sept

64 – soixante quatre

40 – quarante

Écris en chiffres le nombre qui précède le nombre donné. Exemple : 29 – trente.

mémo 4

86 – quatre-vingt-six

61 – soixante-et-un

16 – seize

100 – cent

78 – soixante-dix-huit

27 – vingt-sept

Indice n° 4
Quel mot manque dans la phrase : Quand il joue au football, Tom tape dans un ... ?

Nous sommes 4 copains. Retrouve-nous dans cette bande de martiens et colorie-nous de la bonne couleur.

✪ J'ai 2 bras et 3 jambes, les yeux ronds et 2 superbes antennes. Je suis beau et vert.

✪ J'ai 2 bras et 2 jambes, 3 belles antennes et les yeux carrés. Mon corps est d'un très joli bleu.

✪ Je suis très fière de mes 3 bras et mes 2 jambes, de mes beaux yeux carrés et de mes 4 antennes. En plus, je suis toute rose.

✪ Je suis très en colère. Mes yeux ronds, mes 4 jambes, mes 4 bras et même mes 2 antennes sont tout rouges.

ASTUCE
Tu peux ensuite décorer les autres martiens comme tu veux.

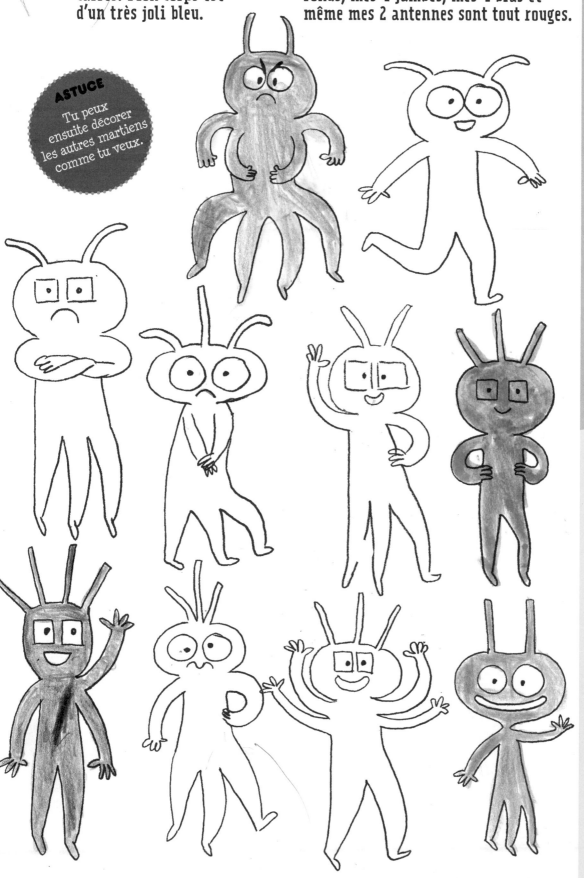

RÉCRÉ

Réponse : raccourci (rat – court – scie).

Mon **1er** vit dans les égouts.
Mon **2e** est le contraire de long.
Mon **3e** est un outil.
Mon **tout** est très utile pour arriver plus vite.

Aimes-tu parler anglais ? ☐ Yes ☐ No

À l'assaut des dragons

Dès qu'il apprend qu'Azalée a été enlevée, Jules Mêmepaspeur saute sur son cheval et galope jusqu'au château du seigneur Piquetou. Pour se donner du courage, le jeune homme avale quelques gorgées de sa boisson préférée, un liquide composé de sirop d'épinards, de bave de limace et de jus de citron.
– Maintenant, je suis prêt à affronter les dangers et mon vertige ! s'exclame-t-il.
Le chevalier franchit les premières échelles sans problème. Même les dragons qui gardent les portes sont bien tranquilles : on dirait qu'ils dorment…

FRANÇAIS

Complète les phrases avec les mots du texte.

Jules saute sur son _cheval_ et part délivrer sa fiancée.

Il boit son mélange favori : sirop d'_épinards_, bave de

limace et jus de _citron_. Son plus gros

problème : il a le _vertige_. Ouf ! Les dragons sont bien

tranquilles : ils ont l'air endormis.

DÉCOUVERTE

Remets les images de la vie de Jules dans l'ordre, en les numérotant de 1 à 4.

Indice n° 5
Où dort le chien ?

4   2   1   2

Colorie de la même couleur chaque paire de coquillages dont la somme des nombres est égale à 12.

MATHÉMATIQUES

Jules et Azalée jouent aux cartes. Qui va l'emporter ?

Observe les cartes, puis remplis le tableau en inscrivant le nombre de points gagnés par chaque joueur à chacune des trois parties. Additionne les points pour trouver le gagnant puis inscris son nom sur la ligne.

Partie 1	Partie 2	Partie 3
2 ♥	8 ♠	9 ♦
6 ♦	6 ♥	10 ♣

mémo 10

Résultats		
Partie 1	2	6
Partie 2	8	6
Partie 3	9	10
Totaux	19	22

Le gagnant est : ....

Défie tes parents ou tes amis à cette variante du jeu de la bataille. Chaque joueur reçoit le même nombre de cartes. Les joueurs posent chacun deux cartes à la fois.

Celui qui obtient le plus grand nombre en additionnant la valeur de ses cartes empoche le pli.

RÉCRÉ

Quel est le comble pour une fée ?

Réponse : acheter sa baguette chez le boulanger.

Si aujourd'hui tu n'as pas très envie de travailler, commence par l'exercice qui te paraît le plus facile.

Herbivore : qui mange des végétaux.
Carnivore : qui mange de la viande.

DÉCOUVERTE

Relie chaque animal à ce qu'il mange. Attention, certains chemins sont faux !

	Herbivore	Carnivore
(lapin)	~~~	
(lion)		X
(escargot)	X	
(vache)	X	
(oiseau)		X

Puis classe les animaux en cochant la bonne case selon qu'ils sont herbivores ou carnivores.

FRANÇAIS

Quelle histoire ! Tous les mots de la phrase sont collés !

Recopie la phrase en séparant les mots pour connaître le message adressé à Jules.

PourretrouvertachèreAzaléetuaffronterasbeaucoupd'épreuves.

Pour retrouver ta chère Azalée tu affronteras beaucoup d'épreuves.

Aide le chevalier à ouvrir la bonne porte en barrant celles dont le nombre indiqué ne convient pas.
Le nombre mystère a 5 dizaines. Son chiffre des unités est plus grand que 7.

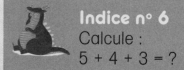
Indice n° 6
Calcule :
5 + 4 + 3 = ?

MATHÉMATIQUES

Réponds oralement aux questions suivantes.

✪ **Quel nombre obtiens-tu en ajoutant 3 dizaines à 20 ?**
✪ **Compte trois fois les doigts de ta main. Quel nombre obtiens-tu ?**
✪ **Ajoute 3 à 97, quel nombre obtiens-tu ?**
✪ **Parmi ces nombres, lesquels peuvent s'ajouter pour faire 20 : 13, 9, 7 ?**

Attention, voici le dragon croqueur de sons. Il n'a pas l'air commode.

Enlève la dernière syllabe de chaque mot et dis la phrase tout haut. Tu sauras ce que le dragon grogne à Jules.

Gardon
Allo
Télé
Festin

II
RÉCRÉ

Deux mamans discutent près du bac à sable.
La première dit :
– Mon petit garçon marche depuis quatre mois.
– Dis donc, il doit être loin maintenant !
répond l'autre.

15

L'écriture, c'est magique ! Mais avant de commencer, il faut bien se préparer. Voici quelques conseils.

Installe-toi bien pour écrire.

1 Choisis une chaise confortable et une table pas trop haute : tu dois pouvoir poser tes pieds à plat sur le sol.

2 Cale-toi bien au fond de ta chaise, le dos bien droit, légèrement penché vers l'avant mais pas trop !

3 Pose tes poignets sur la table.

Ça y est, c'est bon, tu peux te mettre à écrire !

Il est très important de bien tenir son crayon ou son stylo ! Gauchers, droitiers, c'est la même chose. Voici les deux règles d'or.

1 Tiens ton crayon entre le pouce et l'index.

Ton majeur vient se mettre en-dessous, il « porte » le crayon.

2 Tes doigts sont posés à la limite du bois, près de la pointe.

Garde ton poignet souple et ne serre pas trop ton crayon. N'appuie pas trop fort non plus !

ASTUCE

Si tu as du mal à tenir correctement ton crayon ou ton stylo, il existe un petit instrument très pratique, le guide-doigt. Il s'adapte à tous les crayons et permet de prendre de bonnes habitudes !

Qui est le plus fort, toi ou tes parents ?! Propose-leur ce petit concours... Chacun répond à son tour, le plus vite possible. Comptez les points et rendez-vous page 57 !

rendez-vous page 57 !

Défis à deux

Le premier qui trouve marque 1 point.

1. On me confond parfois avec mon ami le « *b* ». Pourtant, je suis beaucoup plus long et fin que lui. Et je descends de deux interlignes de plus ! Qui suis-je ?

2. Il me ressemble, ce « *l* » ! Mais il est immense et tout allongé, beaucoup moins beau que moi qui suis rond et mignon. Qui suis-je ?

3. Dites le plus vite possible, 5 fois de suite et sans vous tromper :
Didon dîna, dit-on, du dos dodu de dix dodus dindons.

4. Rendez-vous page 11 et trouvez le plus vite possible le martien correspondant à la description suivante : j'ai quatre bras et deux jambes, trois superbes antennes et les yeux carrés.

Rendez-vous page 11

5. Présentez-vous en anglais sans hésiter.

6. Citez 3 animaux carnivores et 3 animaux herbivores.

Défis un contre un
Le(s) joueur(s) qui répond(ent) juste marque(nt) 1 point.

1. Champion d'orthographe ? Entourez le mot qui convient.

Je déteste les roquins/~~requins~~.

Mais j'adore les manchots ~~empereurs~~/impéreurs.

J'adore les fleurs, en particulier les jacynthes/~~jacinthes~~.

J'ai très peur des ~~anthropophages~~/antrophopages.

2. Champion de calcul ? Complétez chacun votre grille le plus vite possible pour que le total de chaque ligne et de chaque colonne fasse 30.

5	10	15
4	16	~~15~~ → 10
21	4	5

2	3	9	7	9
5	7	5	3	10
8	7	6	5	4
9	6	5	7	3
6	7	5	8	4

3. Champion du nombre mystère ? Trouvez le bon nombre.

✪ Je suis un nombre à 2 chiffres, j'ai 5 dizaines et 2 unités. Qui suis-je ?

✪ Je suis un nombre à 2 chiffres, j'ai 7 unités et 3 dizaines. Qui suis-je ?

✪ Je suis un nombre à 3 chiffres, j'ai 2 unités, mes dizaines sont le double de mes unités. Le total de mes chiffres fait 13. Qui suis-je ?

✪ Je suis un nombre à 3 chiffres, j'ai 1 dizaine. Si je multiplie mes dizaines par 4, j'obtiens mon chiffre des unités. Mes centaines sont la somme de mes dizaines et de mes unités. Qui suis-je ?

Scores		
DÉFI 1		
DÉFI 2		
DÉFI 3		
TOTAUX		

Tourne-toi vers la fenêtre et respire
à fond en regardant le ciel
pour donner de l'air à ton cerveau.

MATHÉMATIQUES

Combien manque-t-il pour aller à 10 ?

**Complète les additions
avec le bon nombre.**

Combien manque-t-il pour aller à 20 ?

**Complète les additions
avec le bon nombre.**

5 + 5 = 10

3 + 7 = 10

0 + 10 = 10

7 + 3 = 10

2 + 8 = 10

9 + 1 = 10

6 + 4 = 10

1 + 9 = 10

8 + 2 = 10

4 + 6 = 10

12 + 8 = 20

3 + 17 = 20

19 + 1 = 20

15 + 5 = 20

7 + 13 = 20

11 + 9 = 20

16 + 4 = 20

18 + 2 = 20

2 + 18 = 20

14 + 6 = 20

C'était comment avant ?

DÉCOUVERTE

Indice n° 7

Remets les lettres dans l'ordre
pour trouver le nom d'un animal
qui aime manger des carottes :
PLANI.

**Entoure en rouge les objets qu'on utilise
aujourd'hui et en bleu ceux qui servaient
autrefois.**

Il y a un grand concours d'écriture au royaume et Jules écrit vraiment trop mal.
Prends ta plus belle plume pour lui montrer comment écrit un vrai champion.

Recopie le texte suivant :

mémo ❶

Ce dragon est un vrai ronchon...
Allons vite lui chatouiller les moustaches, ça fera marcher ses zygomatiques* !

> Le dragon est un vrai ronchon ...
> Allons vite lui chatouiller les moustaches,
> ça fera marcher ses zygomatiques !

FRANÇAIS

Décidément Jules n'a pas de chance : le dragon a mélangé toutes les lettres des mots avec sa queue. Une fois de plus, il compte sur toi !

Écris les mots sous les dessins en mettant les lettres dans le bon ordre. Barre la lettre en trop dans chaque dessin.

château   dragon   couronne   prinsese

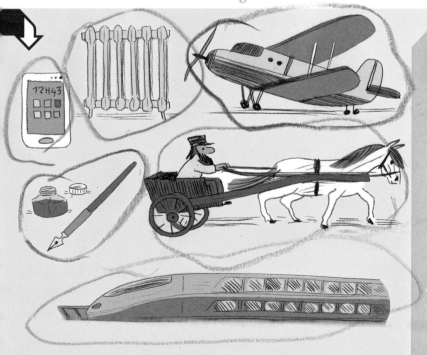

⏸ RÉCRÉ

Fais une partie de balle au prisonnier. Il faut deux équipes et un terrain partagé en quatre parties : les camps des deux équipes et leur prison.

Le but est d'éliminer tous les joueurs de l'équipe adverse en les touchant avec le ballon. Dès qu'un joueur est touché, il va en prison.

AVANT
DE COMMENCER

Remue tous tes orteils au maximum. Cela va te détendre tout le corps.

Relie chaque phrase au dessin qui correspond. Puis numérote les phrases dans l'ordre.

3 Ensuite Jules s'élance à cheval vers l'oiseau, son épée à la main.

5 Enfin il apporte la plume à Azalée.

1 Jules prend son épée et son bouclier.

2 Puis il saute sur son cheval.

4 Ça y est, Jules enlève une plume à l'oiseau avec son épée.

MATHÉMATIQUES

Trouve le nombre auquel pense le dragon et tu sauras combien de jours Jules doit patienter pour retrouver sa princesse.

10+10+10+2

20-3

13

vingt-six

Colorie de la même couleur les boucliers qui représentent le même nombre. Écris en chiffres le nombre du bouclier qui reste seul : 26

le double de 20

Le nombre a 2 chiffres. Il a 6 dizaines. Son chiffre des unités est pair et plus grand que 7.

Le nombre de jours est :

68

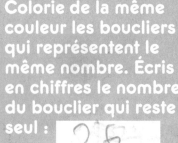

32

dix-sept

12+12

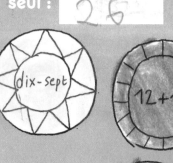

dix plus trois

40

20+4

Une chute fatale

Soudain, alors qu'il est presque au sommet de la huitième échelle,
Jules aperçoit un énorme dragon qui crache de violentes flammes
dans sa direction.

– Heureusement que mon armure me protège de la chaleur,
se dit le chevalier. Sinon j'aurais été grillé comme un poulet !
Au même moment, le barreau sous ses pieds casse d'un seul coup.
Le malheureux chevalier se retrouve suspendu par les bras,
à cinq mètres du sol.

– Oh ! Non… Il y a un gros trou en dessous ! se lamente-t-il.
Puis, le souffle coupé par la peur du vide, il s'évanouit.

Réponds aux questions en entourant la bonne réponse.

✪ Jules est un jeune charpentier.   Vrai   Faux

✪ Jules porte une armure qui le protège des flammes.   Vrai   Faux

✪ Il est menacé par un dragon.   Vrai   Faux

✪ Il tue le dragon.   Vrai   Faux

Qui sera le plus fort ?

Demande à des copains, cousins, frères et sœurs ou adultes, de parier
avec toi. Qui réussira à dire le plus de fois cette phrase sans se tromper ?

Fruits frais, fruits frits, fruits cuits, fruits crus.

RÉCRÉ

Relie chaque objet à son univers.

Préfères-tu la ville ou la campagne ?

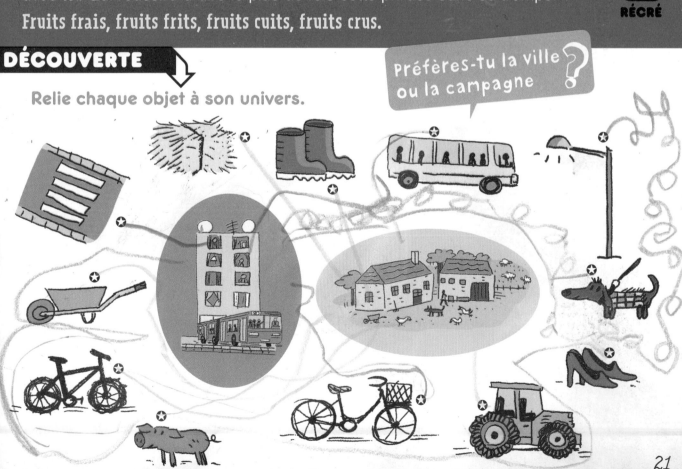

Réunis le matériel dont tu vas avoir besoin pour jouer au petit scientifique.

Connais-tu la différence entre un solide et un liquide ?

DÉCOUVERTE

Rien ne vaut l'expérience pour comprendre. Installe-toi dans un endroit qui ne craint rien, comme la table de la cuisine ou un coin de jardin ou de balcon.

Matériel nécessaire :

ASTUCE

Explique cette expérience à tes parents pour voir si tu as bien tout compris.

Étape 1 : mets un tout petit peu d'eau dans le verre n° 1 et un morceau de sucre dans le verre n° 2. Penche les verres l'un après l'autre et renverse le contenu. Lequel des deux contenus change de forme ?

Étape 2 : remets un peu d'eau dans le verre n° 1 et un sucre dans le verre n° 2. Renverse-les. Quel contenu peux-tu attraper ?

Bilan

Complète les phrases avec les mots « solide » et « liquide ».

✪ Un .... **change de forme si on le renverse et ne peut pas s'attraper facilement.**

✪ Un .... **garde toujours sa forme et peut s'attraper facilement.**

Petit problème de poche et de bonbons

MATHÉMATIQUES

Indice n° 9
Comment écrit-on QUINZE en chiffres ?

Caroline a mis des bonbons dans sa poche. Son papa lui en donne 5, elle les met également dans sa poche. Maintenant elle a 17 bonbons.

Combien avait-elle de bonbons au début ?

Écris tes recherches sous forme de dessins ou de calculs.

12 + ~~X~~ = 15

Réponse : elle avait ......12...... bonbons.

Recopie cette phrase le mieux possible :

La princesse Azalée attend Jules en haut de son donjon.

Écris sous chaque personnage le nom de l'instrument qui lui manque. Entoure tous les « o » puis lis les mots à voix haute. Les « o » ont-ils toujours le même son ?

violon

PIANO   ACCORDÉON   BANJO   VIOLON   SAXOPHONE

Quelle matière as-tu préféré sur cette double page ?

☐ Découverte   ☐ Mathématiques   ☐ Français

Théo, Matis et Léa jouent aux fléchettes. **Calcule le nombre de points de chaque enfant et écris le nom du gagnant.**

Théo	Matis	Léa

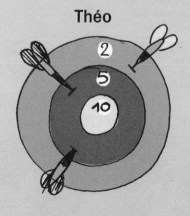 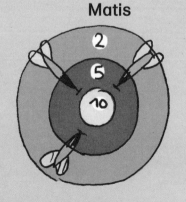 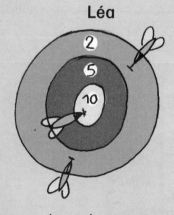

___ + ___ + ___ = ___   ___ + ___ + ___ = ___   ___ + ___ + ___ = ___

Et le gagnant est : *Matis* !

23

DÉFI JARDINIER

Pendant les vacances, amuse-toi à faire des plantations. Tu auras le temps de bien t'en occuper. Tu peux faire germer des légumes (des haricots, des radis, des lentilles, etc.).

Il te faut :

- un pot en verre (pot de yaourt, par exemple) ;
- du coton ;
- 3 graines (haricot, radis, lentille) ;
- un peu d'eau ;
- une petite cuillère.

1 Mets du coton au fond du pot en verre.

2 Imbibe le coton avec de l'eau.

ASTUCE
Laisse tes graines dans l'eau pendant 4 heures avant de les semer, elles germeront plus vite.

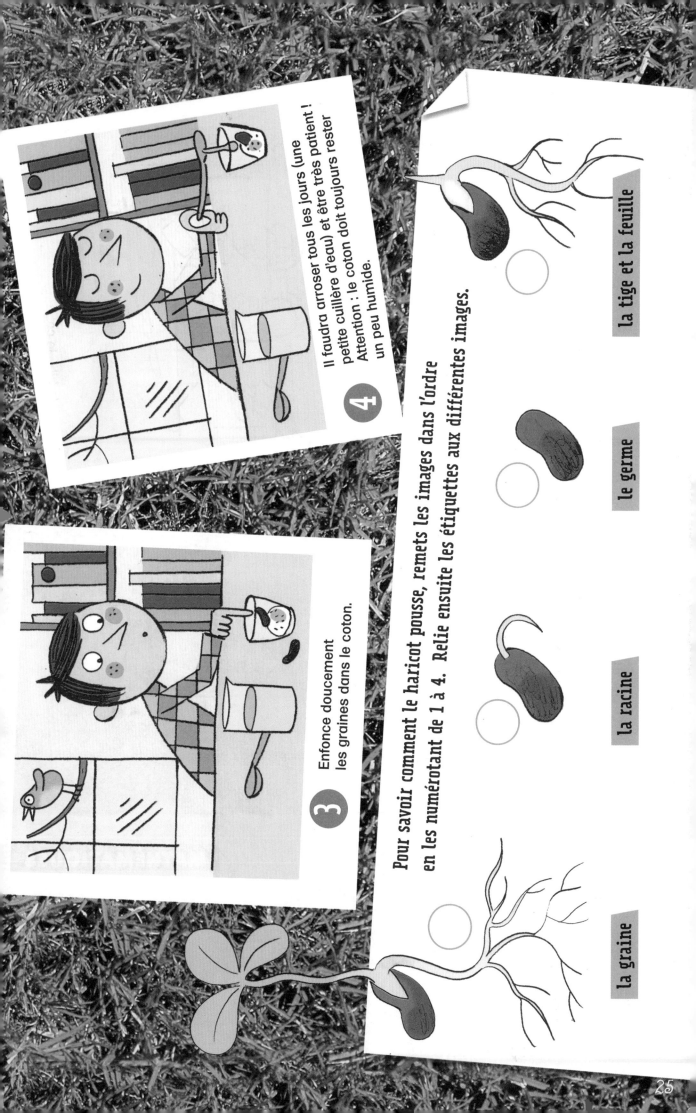

4 Il faudra arroser tous les jours (une petite cuillère d'eau) et être très patient ! Attention : le coton doit toujours rester un peu humide.

3 Enfonce doucement les graines dans le coton.

Pour savoir comment le haricot pousse, remets les images dans l'ordre en les numérotant de 1 à 4. Relie ensuite les étiquettes aux différentes images.

la tige et la feuille

le germe

la racine

la graine

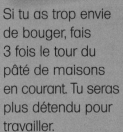

Si tu as trop envie de bouger, fais 3 fois le tour du pâté de maisons en courant. Tu seras plus détendu pour travailler.

Attention, certaines lettres se ressemblent beaucoup.
Entoure de la même couleur les lettres qui sont identiques.

FRANÇAIS

Indice n° 10
Quel fruit empoisonne Blanche-Neige ?

Enlève la première syllabe de chaque mot et dis la phrase tout haut.
Tu sauras ce que le dragon grogne à Jules.

Neige • Mauvais • Coûteux • Micro • Manquer

MATHÉMATIQUES

Place ces nombres au bon endroit sur le dragon des nombres.
36 – 38 – 42 – 45 – 47 – 55

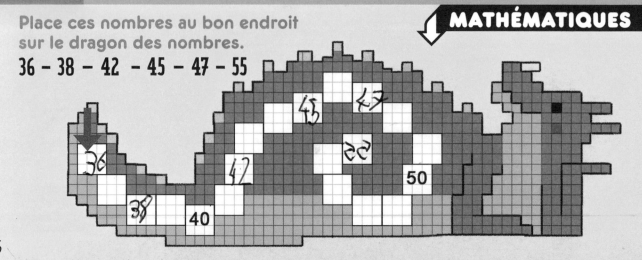

Colorie le rond en rouge quand la situation est dangereuse et en vert quand elle ne l'est pas.

Fais ton portrait chinois, seul ou en groupe.

Si tu étais un animal, tu serais...
Une couleur, tu serais...
Un fruit, tu serais...
Un objet, tu serais...
Un vêtement, tu serais...

DÉCOUVERTE

Complète avec les mots suivants.   mémo 14

pompiers – d'urgence – adulte – police

Quand tu vois quelqu'un en danger, il faut prévenir un ....adulte..........

Les numéros ......d'urgence......sont le 15 (le SAMU),

le 17 (la ......police......) et le 18 (les ....).

Range ces nombres du plus petit au plus grand.   mémo 5
67 – 45 – 79 – 54 – 81 – 76

| 45 | 54 | 67 | 76 | 79 | 81 |

Range ces nombres du plus grand au plus petit.
72 – 32 – 18 – 54 – 92 – 42

| 92 | 72 | 54 | 42 | 32 | 18 |

27

Pour bien travailler, il faut être bien assis : ne croise pas les jambes, ne te couche pas sur ta feuille pour écrire mais au contraire tiens-toi droit. Te voilà prêt à écrire.

MATHÉMATIQUES

Des nombres ont été effacés.
À toi de les écrire !

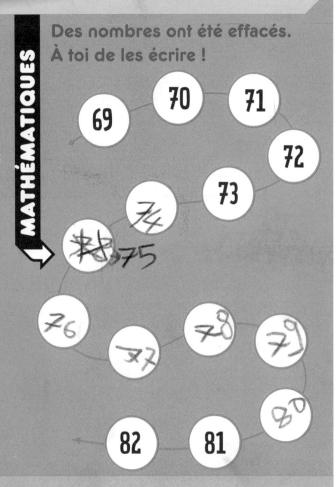

69 70 71

72

73

74

78 75

76

77 78 79

80

82 81

Indice n° 11
Comment s'appelle le petit de la poule ?

5

Colorie :
✪ **les carrés** ■ **en rouge ;**
✪ **les rectangles** ▬ **en bleu ;**
✪ **les cercles** ● **en jaune ;**
✪ **les triangles** ▲ **en vert.**

mémo **12**

L	E	M	Q	S	A	S	U	U	N
D	X	A	U	E	T	F	N	G	E
E	Y	I	I	H	I	D	E	S	L
S	Z	S	B	I	E	N	J	K	L
O	V	P	A	R	T	O	U	T	E
N	Q	V	P	O	U	R	X	R	H
Y	L	E	S	R	S	E	S	O	B
A	V	E	C	D	A	N	S	P	G
T	O	U	T	T	B	C	H	E	Z

mémo **4**

FRANÇAIS

Connais-tu ces mots très utiles ?

Retrouve dans la grille les mots ci-dessous. Entoure-les de différentes couleurs.

un – le – et – trop – avec – chez
elle – tout – une – mais – partout
son – pour – dans – les – des
ses – qui – bien

Complète les étiquettes en t'aidant du code et relie-les au bon endroit du corps.

Connais-tu le corps humain ?

cheville

genou

rotule

avant-bras

bras

poitrine

ventre

coude

cuisse

tête

pied

hanche

jambe

A	B	C	D	E	F	G	H	I	J	K	L	M
⤢	◀	◆	▲	⇨	◗	■	✚	✕	✳	☆	✤	◆

N	O	P	Q	R	S	T	U	V	W	X	Y	Z
★	✿	◖	○	▯	▢	▽	●	▼	✦	△	⬇	✺

Tu as trouvé cette double page difficile ? Dessine un gros nuage gris. Tu l'as remplie facilement ? Dessine un beau soleil.

 Recopie cette phrase le mieux possible :

Mon corps est précieux ! Je dois bien me nourrir, dormir et faire du sport pour garder la forme.

Mon corps précieux ! Je dois bien me nourrir dormir

À chaque sens son expérience.
À toi de les tester en suivant ces indications.

Les maths t'embêtent ? Dessine un chiffre puis gribouille-le. Une fois qu'il sera sur le papier, tu pourras faire tes additions tranquille.

Sais-tu distinguer les 5 sens ?

✪ **La vue**
Regarde autour de toi et cite 5 objets que tu vois.

✪ **Le goût**
Teste les aliments suivants et coche la bonne case selon qu'ils te semblent salés, sucrés, amers ou acides.

		Amer	Acide	Salé	Sucré
	Café	X			
	Chocolat				X
	Citron		X		
	Saucisson			X	

✪ **L'ouïe**
Bande les yeux d'un adulte puis fais les bruits suivants et demande-lui de les identifier : marcher sur du gravier, faire un bisou, froisser un papier, verser de l'eau dans un verre.

✪ **L'odorat**
Et maintenant, en lui laissant toujours les yeux bandés, fais-lui sentir 5 aliments (fromage, poisson, yaourts aromatisés, etc.) et demande-lui de te les nommer.

✪ **Le toucher**
Il te faut un glaçon, un morceau de sucre, une brosse à dents, du coton, un crayon pointu, du papier toilette et un jouet.

Touche chaque objet puis tiens le glaçon avec 2 doigts pendant une minute. Ensuite sers-toi de ces 2 doigts pour toucher de nouveau tous les objets.
Sens-tu une différence ? As-tu mal en te piquant (pas trop fort) le doigt avec le crayon ? Non ! Le froid t'a fait perdre le sens du toucher.

FRANÇAIS

Les 5 sens

Nos 5 sens nous permettent de bien profiter de la vie. Grâce au toucher, tu sens ce que tu touches. Grâce au goût, tu sens ce que tu manges. Grâce à la vue, tu vois ce qui t'entoure. Grâce à l'ouïe, tu entends les sons. Grâce à l'odorat, tu sens les odeurs. Le « chef » des 5 sens, c'est le cerveau qui commande tout.

As-tu bien tout compris au texte ? Entoure la bonne réponse.

✪ Les 5 sens sont la vue, l'ouïe, le toucher, l'odorat et le goût.   Vrai   Faux

✪ Les 5 sens sont commandés par l'estomac.   Vrai   Faux

✪ Nos 5 sens ne sont pas utiles.   Vrai   Faux

✪ Le goût nous sert à apprécier les bonbons.   Vrai   Faux

Colorie le dessin en suivant le code couleur.

- ✪ 5 : jaune
- ✪ 6 : orange
- ✪ 7 : rouge
- ✪ 8 : vert
- ✪ 9 : gris
- ✪ 10 : bleu

ASTUCE
Fais bien attention au signe de chaque opération.

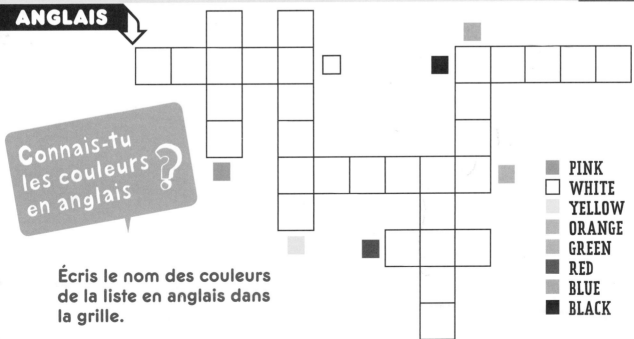

MATHÉMATIQUES

Calcule et écris le résultat des opérations suivantes.

- ✪ 42 + 10 = **52**
- ✪ 63 − 10 = **53**
- ✪ 89 + 10 = **99**
- ✪ 18 + 10 = **28**

- ✪ 39 − 10 = **29**
- ✪ 90 + 10 = **100**
- ✪ 27 − 10 = **17**
- ✪ 75 + 10 = **85**

ANGLAIS

Connais-tu les couleurs en anglais ?

Écris le nom des couleurs de la liste en anglais dans la grille.

- ■ PINK
- □ WHITE
- ■ YELLOW
- ■ ORANGE
- ■ GREEN
- ■ RED
- ■ BLUE
- ■ BLACK

Indice n° 12
Jules Mêmepaspeur a ouvert 11 portes sur 21. Combien doit-il encore en ouvrir ?

■■ RÉCRÉ

Réponse : Blue, White and Red.

Dis en anglais les couleurs du drapeau français.

31

Les instruments de musique ne se manipulent pas tous de la même façon. Quand on veut produire un son avec une guitare, on ne fait pas le même geste qu'avec une trompette. Relie chaque action au bon instrument.

Les instruments à cordes frottées, pincées et frappées

guitare

mandoline

violon

violoncelle

Je pince

Je frotte

Je souffle

Les instruments à vent (bois et cuivres)

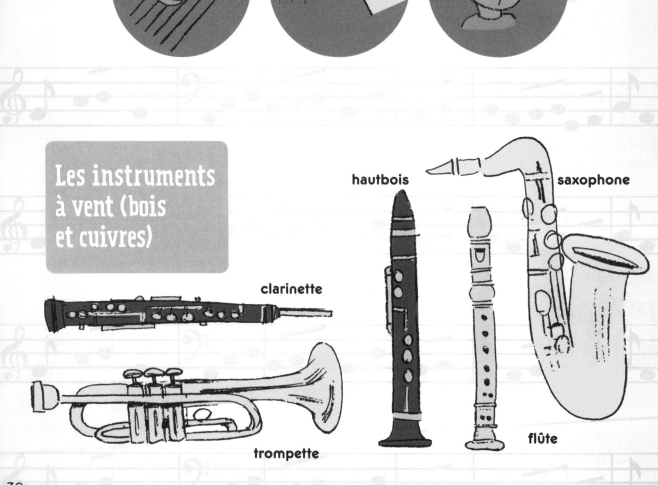

hautbois

saxophone

clarinette

trompette

flûte

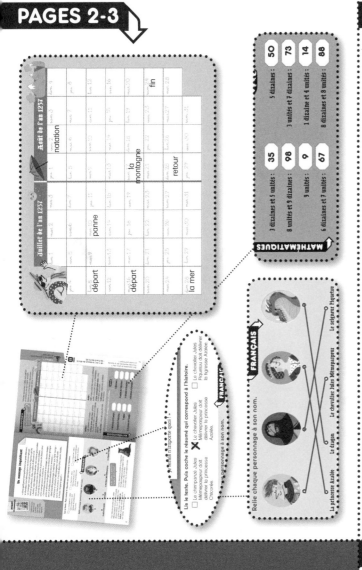

Calendrier

Juillet de l'an 1237							Août de l'an 1237					
						notation					
départ				panne				la montagne			
départ						retour				
la mer									fin	

MATHÉMATIQUES

5 dizaines :	50
3 unités et 7 dizaines :	73
1 dizaine et 4 unités :	14
8 dizaines et 8 unités :	88

3 dizaines et 5 unités :	35
8 unités et 9 dizaines :	98
9 unités :	9
6 dizaines et 7 unités :	67

FRANÇAIS

Lis le texte. Puis coche qui correspond à l'histoire.

☐ Le champignon Jules Mémopapeur doit délivrer la princesse Chicorée.

☒ Le chevalier Jules Mémopapeur doit délivrer la princesse Azalée.

Relie chaque personnage à son nom.

Le seigneur Piquetou

Le chevalier Jules Mémopapeur

Le dragon

La princesse Azalée

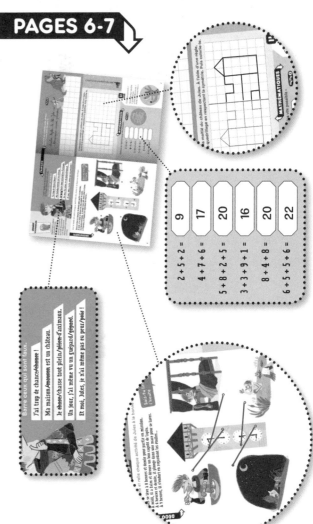

MATHÉMATIQUES

2 + 5 + 2 =	9
4 + 7 + 6 =	17
5 + 8 + 2 + 5 =	20
3 + 3 + 9 + 1 =	16
8 + 4 + 8 =	20
6 + 5 + 5 + 6 =	22

Barre ceux qui sont faux.

J'ai trop de chance/~~chômme~~ !

Ma maison/~~sauceur~~ est un château.

Je chose/chasse tout plein/~~pleine~~ d'animaux.

Un jour, j'ai même vu un guépard/~~épovré~~.

Et moi, Jules, je n'ai même pas eu peur/~~peto~~ !

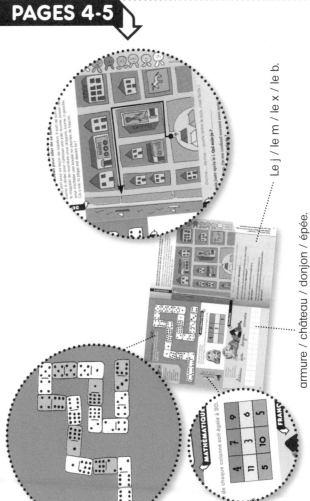

Le j / le m / le x / le b.

armure / château / donjon / épée.

MATHÉMATIQUES

4	7	9
11	3	6
5	10	5

FRANÇAIS

CORRIGÉS À DÉTACHER

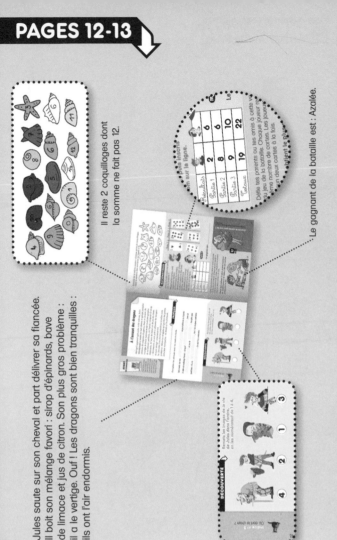

Il reste 2 coquillages dont la somme ne fait pas 12.

Le gagnant de la bataille est : Azalée.

Jules saute sur son cheval et part délivrer sa fiancée. Il boit son mélange favori : sirop d'épinards, bave de limace et jus de citron. Son plus gros problème : il a le vertige. Ouf ! Les dragons sont bien tranquilles : ils ont l'air endormis.

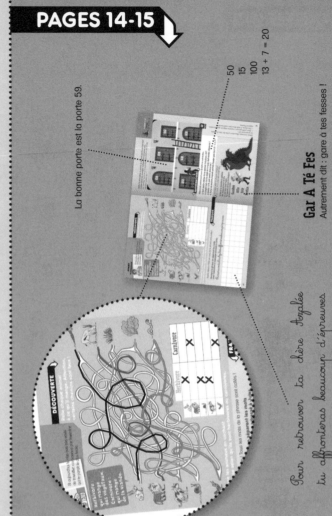

La bonne porte est la porte 59.

50
15
100
$13 + 7 = 20$

Gar A Té Fes
Autrement dit : gare à tes fesses !

Pour retrouver ta chère Azalée tu affronteras beaucoup d'épreuves.

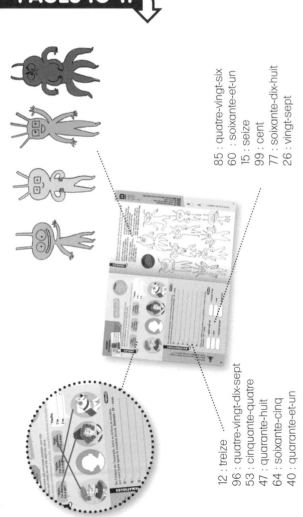

85 : quatre-vingt-six
60 : soixante-et-un
15 : seize
99 : cent
77 : soixante-dix-huit
26 : vingt-sept

12 : treize
96 : quatre-vingt-dix-sept
53 : cinquante-quatre
47 : quarante-huit
64 : soixante-cinq
40 : quarante-et-un

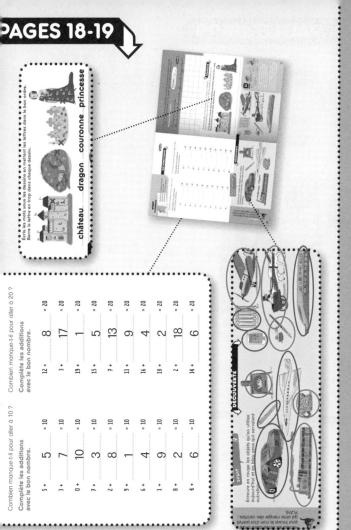

Écris les mots sous les dessins en mettant les lettres dans le bon ordre. Barre la lettre en trop dans chaque dessin.

château   dragon   couronne   princesse

Combien manque-t-il pour aller à 10 ?
Complète les additions avec le bon nombre.

$5 + 5 = 10$
$3 + 7 = 10$
$0 + 10 = 10$
$7 + 3 = 10$
$2 + 8 = 10$
$9 + 1 = 10$
$6 + 4 = 10$
$1 + 9 = 10$
$8 + 2 = 10$
$4 + 6 = 10$

Combien manque-t-il pour aller à 20 ?
Complète les additions avec le bon nombre.

$12 + 8 = 20$
$3 + 17 = 20$
$19 + 1 = 20$
$15 + 5 = 20$
$7 + 13 = 20$
$11 + 9 = 20$
$16 + 4 = 20$
$18 + 2 = 20$
$2 + 18 = 20$
$14 + 6 = 20$

DÉFIS UN CONTRE UN

Je déteste les roquins/requins.
Mais j'adore les manchots empereurs/Impéreurs.

J'adore les fleurs, en particulier les jacynthes/jacinthes.
J'ai très peur des anthropophages/antrophophages.

5	10	15		2	3	9	7	9
4	16	10		5	7	5	3	10
21	4	5		8	7	6	5	4
				9	6	5	7	3
				6	7	5	8	4

★ 52   ★ 742
★ 37   ★ 514

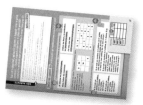

DÉFIS À DEUX
1. le « f »   2. le « e »

Réponds aux questions en entourant la bonne réponse.

○ Julec est un jeune charpentier.   Vrai / Faux
○ Julec porte une armure qui le protège des flammes.   Vrai / Faux
○ Il est menacé par un dragon.   Vrai / Faux
○ Il tue le dragon.   Vrai / Faux

Le nombre est : 68.

Le nombre qui reste tout seul est : 26.

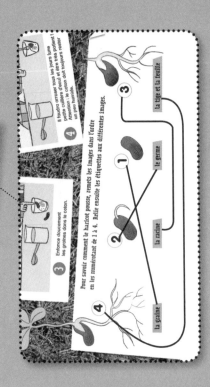

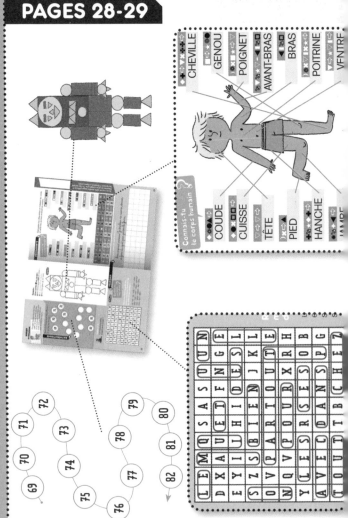

CHEVILLE
GENOU
POIGNET
AVANT-BRAS
BRAS
POITRINE
VENTRE
COUDE
CUISSE
TÊTE
PIED
HANCHE

Connais-tu le corps humain ?

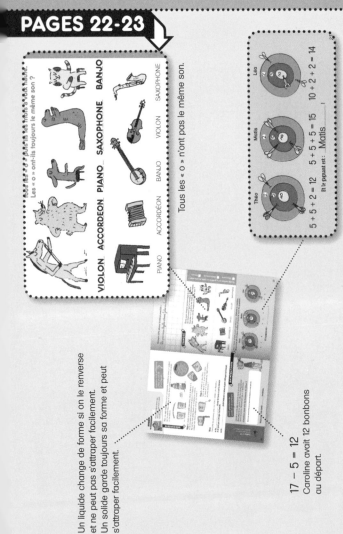

Les « o » ont-ils toujours le même son ?

VIOLON   ACCORDÉON   PIANO   SAXOPHONE   BANJO

PIANO   ACCORDÉON   BANJO   VIOLON   SAXOPHONE

Tous les « o » n'ont pas le même son.

Léo
$10 + 2 + 2 = 14$

Matis
$5 + 5 + 5 = 15$

Théo
$5 + 5 + 2 = 12$

Et le gagnant est : Matis

$17 - 5 = 12$
Caroline avait 12 bonbons au départ.

Un liquide change de forme si on le renverse et ne peut pas s'attraper facilement.
Un solide garde toujours sa forme et peut s'attraper facilement.

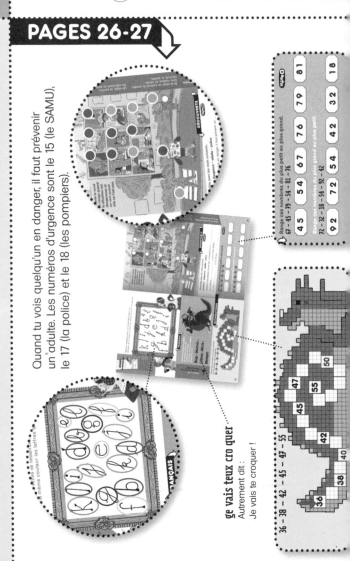

Quand tu vois quelqu'un en danger, il faut prévenir un adulte. Les numéros d'urgence sont le 15 (le SAMU), le 17 (la police) et le 18 (les pompiers).

45   54   67   76   79   81
67 - 45 - 73 - 54 - 81 - 76

92   72   54   42   32   18
72 - 32 - 18 - 54 - 92 - 42

Range ces nombres du plus petit au plus grand.
Range ces nombres du plus grand au plus petit.

ge vais teux cro quer
Autrement dit :
Je vais te croquer !

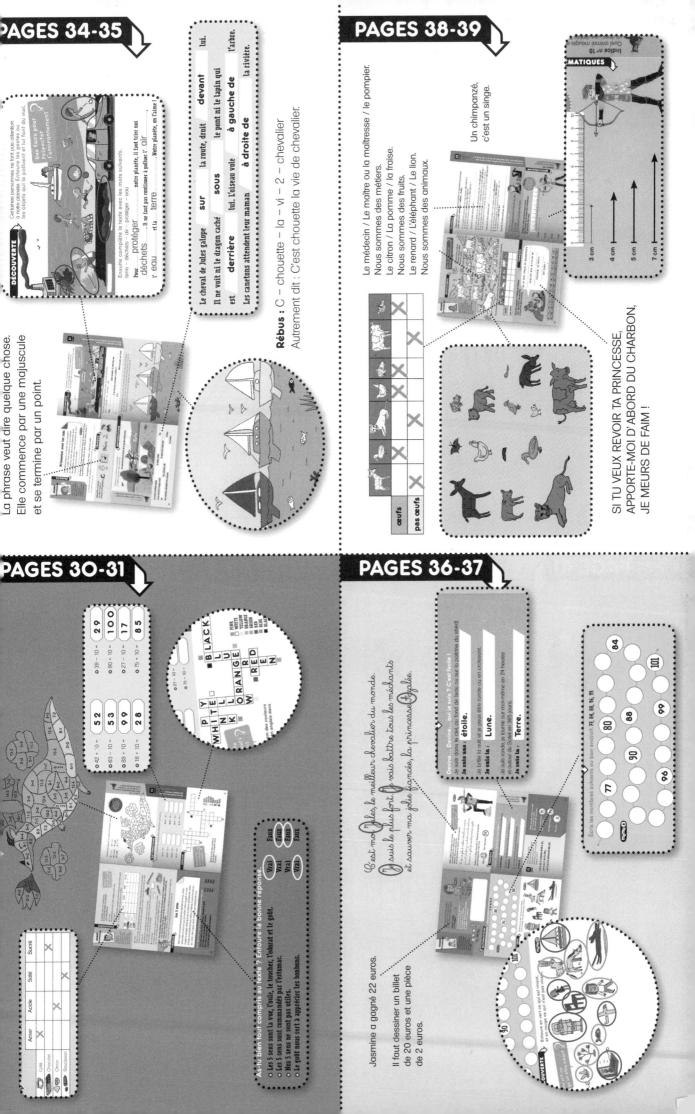

La phrase veut dire quelque chose. Elle commence par une majuscule et se termine par un point.

DÉCOUVERTE

que faire pour respecter l'environnement

Certaines personnes ne font pas attention à notre planète. Entoure les gestes ou les objets qui la polluent et lui font du mal.

Ensuite complète le texte avec les mots suivants.
terre – déchets – air – protéger – eau

Pour **protéger** ...... notre planète, il faut trier nos **déchets** ......Il ne faut pas continuer à polluer l' **air**, l' **eau** et la **terre** ......Notre planète, on l'aime !

| **sur** | la route, droit | **devant** | lui. |

Le cheval de Jules galope

Il ne voit ni le dragon caché **sous** le pont ni le lapin qui

est **derrière** lui. L'oiseau vole **à gauche de** l'arbre.

Les canetons attendent leur maman **à droite de** la rivière.

Rébus : C – chouette – la – vi – 2 – chevalier
Autrement dit : C'est chouette la vie de chevalier.

Le médecin / Le maître ou la maîtresse / le pompier.
Nous sommes des métiers.
Le citron / La pomme / la fraise.
Nous sommes des fruits.
Le renard / L'éléphant / Le lion.
Nous sommes des animaux.

Un chimpanzé, c'est un singe.

3 cm
4 cm
5 cm
7 cm

	œufs		pas œufs

SI TU VEUX REVOIR TA PRINCESSE, APPORTE-MOI D'ABORD DU CHARBON, JE MEURS DE FAIM !

39 - 10 = **29**
90 - 10 = **100**
27 - 10 = **17**
75 - 10 = **85**

42 + 10 = **52**
63 - 10 = **53**
89 + 10 = **99**
18 + 10 = **28**

BLACK
WHITE
PINK
ORANGE
RED
GREEN

PINK / WHITE / YELLOW / ORANGE / GREEN / RED / BLUE

des couleurs en anglais dans

	Amer	Acide	Salé	Sucré
Café	X			
Chocolat		X		
Citron		X		
Saucisson			X	

As-tu bien tout compris au texte ? Entoure la bonne réponse.
- Les 5 sens sont la vue, l'ouïe, le toucher, l'odorat et le goût.　**Vrai**　Faux
- Les 5 sens sont commandés par l'estomac.　Vrai　**Faux**
- Nos 5 sens ne sont pas utiles.　Vrai　**Faux**
- Le goût nous sert à apprécier les bonbons.　**Vrai**　Faux

C'est moi Jules, le meilleur chevalier du monde.
Je suis le plus fort. Je vais battre tous les méchants et sauver ma jolie fiancée, la princesse Jasmine.

Devine. Devine qui je suis ? C'est facile !
Je suis dans le ciel au fond de l'eau ou sur la pomme du shérif. **Je suis une : étoile.**
Je brille la nuit et je peux être ronde ou en croissant. **Je suis la : Lune.**
Je suis ronde je tourne sur moi-même en 24 heures et autour du Soleil en 365 jours. **Je suis la : Terre.**

Jasmine a gagné 22 euros.
Il faut dessiner un billet de 20 euros et une pièce de 2 euros.

77　80　84
90　88
96　99　101

Écris les nombres suivants au bon endroit. 77, 84, 88, 96, 93

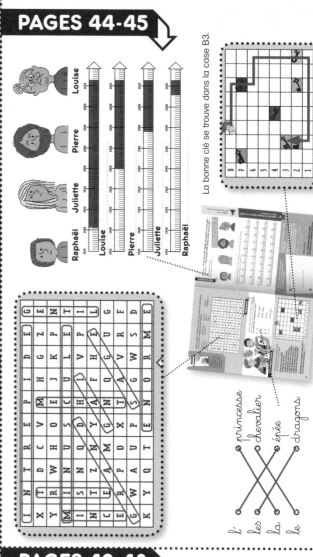

La bonne clé se trouve dans la case B3.

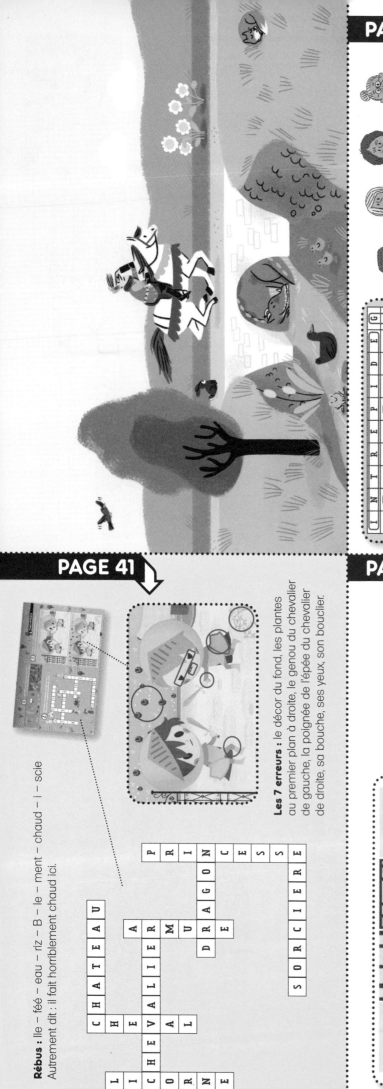

Rébus : Ile – féé – eau – riz – B – le – ment – chaud – i – scie
Autrement dit : il fait horriblement chaud ici.

Les 7 erreurs : le décor du fond, les plantes au premier plan à droite, le genou du chevalier de gauche, la poignée de l'épée du chevalier de droite, sa bouche, ses yeux, son bouclier.

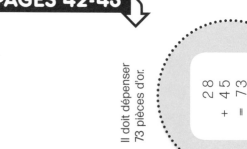

Il doit dépenser 73 pièces d'or.

2 8
+ 4 5
= 73

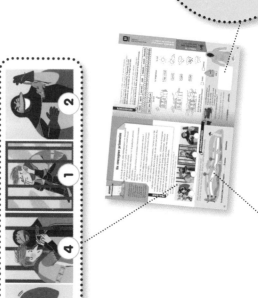

Le chemin le plus court est le numéro 3.
Il mesure 20 km.

PAGES 50-51

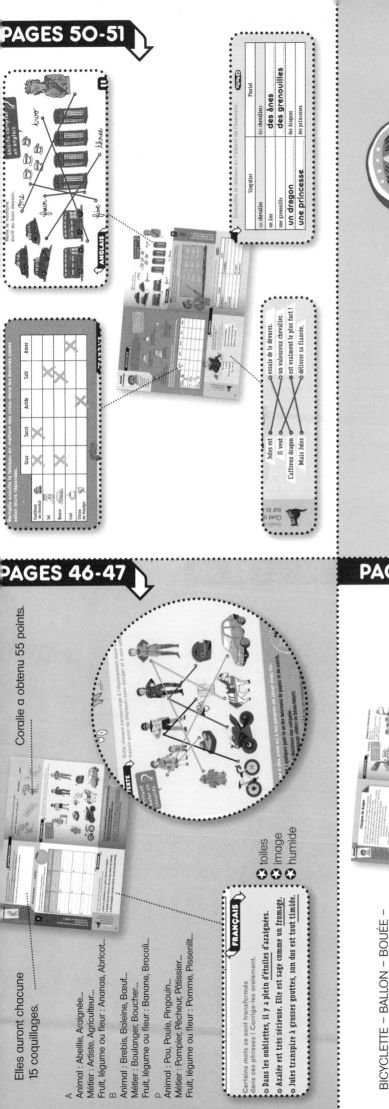

ANGLAIS

Sais-tu compter en anglais ? Relie à la souris et écris au bon dessin.

one · two · four · five

Remplis ensuite le tableau en mettant des croix dans les bonnes cases selon leurs réponses.

	Gras	Sucré	Acide	Salé	Amer
Gaufette au chocolat		X			
Sel	X			X	
Beurre	X				
Café					X
Citron au vinaigre			X		

Complète le tableau en t'aidant de l'exemple.

Singulier	Pluriel
un chevalier	des chevaliers
un âne	des ânes
une grenouille	des grenouilles
un dragon	des dragons
une princesse	des princesses

Jules est · essaie de le dévorer.
Il veut · est un valeureux chevalier.
L'affreux dragon · est vraiment le plus fort !
Mais Jules · délivrer sa fiancée.

Elles auront chacune 15 coquillages.

Coralie a obtenu 55 points.

A
Animal : Abeille, Araignée...
Métier : Artiste, Agriculteur...
Fruit, légume ou fleur : Ananas, Abricot...

B
Animal : Brebis, Baleine, Bœuf...
Métier : Boulanger, Boucher...
Fruit, légume ou fleur : Banane, Brocoli...

P
Animal : Pou, Poule, Pingouin...
Métier : Pompier, Pêcheur, Pâtissier...
Fruit, légume ou fleur : Pomme, Pissenlit...

FRANÇAIS

Certains mots se sont transformés dans ces phrases ! Corrige-les oralement.

● Dans les oubliettes, il y a plein d'étoiles d'araignées. **toiles**
● Azalée est très sérieuse. Elle est sage comme un fromage. **image**
● Jules transpire à grosses gouttes, son dos est tout timide. **humide**

Il y a 9 rectangles dans cette figure.

BICYCLETTE – BALLON – BOUÉE – PARASOL – SERVIETTE.

Lis le texte puis réponds aux questions en entourant la bonne réponse.

Pour sauver Azalée, Jules doit tuer le dragon et prendre la clé. **Vrai** Faux

Le dragon lui propose une énigme. **Vrai** Faux

Jules a du mal à trouver la réponse. **Vrai** Faux

Quand il l'a trouvée, il est si content qu'il hurle la réponse au dragon. Vrai **Faux**

La porte s'ouvre et la belle Alizée se jette dans les pattes du dragon. Vrai **Faux**

DÉFIS UN CONTRE UN

★ 74, 73, 72, 71, 70, 69, 68, 67, 66, 65, 64, 63, 62, 61, 60, 59, 58, 57.

★ 25, 30, 35, 40, 45, 50, 55, 60, 65, 70.

Un zygomatique est un muscle du visage, celui qui permet de rire !

Je suis le loup.

★ 957 622, 957 621, 957 620, 957 619, 957 618, 957 617, 957 616, 957 615, 957 614, 957 613, 957 612, 957 611, 957 610, 957 609, 957 608, 957 607, 957 606, 957 605, 957 604, 957 603, 957 602, 957 601, 957 600, 957 599, 957 598, 957 597, 957 596, 957 595, 957 594, 957 593, 957 592, 957 591, 957 590, 957 589, 957 588, 957 587, 957 586.

★ 658, 663, 668, 673, 678, 683, 688, 693, 698, 703, 708.

Un parangon est un modèle.

Je suis un lémurien.

Il y a 30 carrés.
Avez-vous penser à compter toutes les combinaisons possibles ?

Il y a 14 carrés.

FRANÇAIS

Trouve les verbes et entoure :
○ en rouge les terminaisons du singulier (« en « e »)
○ en bleu les terminaisons du pluriel (« en « ent »)

Jules trouve [ ] la réponse à l'énigme et délivre [ ] sa belle Azalée. Elle le trouve [ ] très courageux. Les dragons ne laissent [ ] plus de flammes et les rats dorment [ ] dans les oubliettes avec Piquetou. Jules et Azalée s'embrassent [ ].

Oh là là ! Je reviens d'une visite chez le chevalier Martin, mon cousin, celui qui vit dans le désert. Il m'a servi un de ces desserts ! Il avait un goût de poisson d'eau douce, du vrai poisson. C'était tellement dégoûtant que j'ai vomi sur les coussins. Beurk !

Résolution de l'énigme de Jules Mêmepaspeur :

Indice n°1 p. 3
Réponse : Z

Indice n°2 p. 4
Réponse : 10

Indice n°3 p. 7
Réponse : des pommes de terre

Indice n°4 p. 10
Réponse : ballon

Indice n°5 p. 12
Réponse : Niche

Indice n°6 p. 15
Réponse : 12

Indice n°7 p. 18
Réponse : LAPIN

Indice n°8 p. 20
Réponse : des ciseaux

Indice n°9 p. 22
Réponse : 15

Indice n°10 p. 26
Réponse : une pomme

Indice n°11 p. 28
Réponse : le poussin

Indice n°12 p. 31
Réponse : 10

Indice n°13 p. 34
Réponse : vert

Indice n°14 p. 37
Réponse : le tennis

Indice n°15 p. 39
Réponse : la vache

Indice n°16 p. 43
Réponse : douze

Indice n°17 p. 45
Réponse : l'araignée

Indice n°18 p. 46
Réponse : le dragon

Indice n°19 p. 50
Réponse : l'ours blanc

Indice n°20 p. 53
Réponse : M

Indice n°21 p. 54
Réponse : le Soleil

Petit chevalier, si tu as trouvé toutes les réponses, tu as trouvé le chemin du donjon !

contrebasse

harpe

piano

Je frappe avec un objet

Je frappe avec mes mains

Je frappe avec mes doigts

xylophone

tambourin

djembé

tambour

timbales

batterie

Les instruments à percussions et à membrane

AVANT
DE COMMENCER

Pour te détendre, mets une musique douce et sans paroles pour travailler dans une bonne ambiance.

FRANÇAIS

Prisonnier avec les rats

Jules Mêmepaspeur se réveille dans une pièce toute sombre. Il est tombé sur un gros matelas qui a amorti sa chute. Mais il est prisonnier dans les oubliettes du château. Elles sont pleines de rats ! Comment sauver Azalée ?

mémo 2

Souligne en rouge la première ligne du texte et en bleu la première phrase. Est-ce que c'est la même chose ?

Complète avec les mots : majuscule, point.

La phrase veut dire quelque chose. Elle commence par une ....Majuscule.... et se termine par un ...à point... .

FRANÇAIS

Déchiffre et écris le rébus avec la bonne orthographe. C   Ravi 2

C'est chouette la vu de ptics prince

MATHÉMATIQUES

Observe le dessin et complète le texte avec les mots suivants.

devant/derrière/à droite de/à gauche de/sous/sur

Indice n° 13

Quelle couleur obtient-on quand on mélange du jaune et du bleu ?

Le cheval de Jules galope _sur_ la route, droit _devant_ lui.

Il ne voit ni le dragon caché _sous_ le pont ni le lapin qui

est _derrière_ lui. L'oiseau vole ~~à droit de~~ _à gauche_ l'arbre.

Les canetons attendent leur maman _à droit de_ la rivière.

Certaines personnes ne font pas attention à notre planète. **Entoure les gestes ou les objets qui la polluent et lui font du mal.**

que faire pour respecter l'environnement ?

RÉCRÉ

Dis de mémoire le prénom d'au moins 10 copains de ta classe de CP.

Ensuite complète le texte avec les mots suivants.
terre – déchets – air – protéger – eau

Pour *proteger* notre planète, il faut trier nos *dechets*. Il ne faut pas continuer à polluer l' *air*, l' *eau* et la *terre*. Notre planète, on l'aime !

Colorie en bleu les voiles du bateau qui est derrière le bateau vert, en noir le poisson qui est sous le bateau jaune, en jaune l'oiseau qui vole au-dessus du bateau aux voiles bleues.

Prends une feuille et un crayon et dessine tout ce qui te passe par la tête. Tu auras ainsi l'esprit libre pour commencer à travailler.

Jasmine a fait un vide-grenier, elle a vendu ses vieux jouets et voici l'argent qu'elle a gagné.

Combien Jasmine a-t-elle gagné ? .... €.

Transforme cette somme pour avoir le moins de pièces et de billets possible. Dessine ta réponse en billets et en pièces.

mémo ⓲

MATHÉMATIQUES

Écris les nombres suivants au bon endroit. **77, 84, 88, 96, 99.**

 mémo ⑤

80

90

101

DÉCOUVERTE

Entoure en vert ce qui est vivant et en rouge ce qui n'est pas vivant.

mémo ②

Qu'est-ce qu'un être vivant ?

Aide Jules à corriger son texte en entourant les lettres qui doivent être en majuscules et en ajoutant les points qui manquent.

C'est moi jules, le meilleur chevalier du monde je suis le plus fort je vais battre tous les méchants et sauver ma jolie fiancée, la princesse azalée

Jules a-t-il bien travaillé ? Colorie le dessin qui correspond à ton avis.

Bien   Pas très bien

FRANÇAIS

Devine... Devine... qui je suis ? C'est facile !

Je suis dans le ciel, au fond de l'eau ou sur la poitrine du shérif.

Je suis une :

Je brille la nuit et je peux être ronde ou en croissant.

Je suis la :

Je suis ronde, je tourne sur moi-même en 24 heures et autour du Soleil en 365 jours.

Je suis la :

Indice n° 14
Dans quel sport utilise-t-on une raquette ?

❚❚ RÉCRÉ

Tous les membres de la famille qui savent compter peuvent participer. Qui comptera le plus vite ?

- ✪ De 1 en 1 à rebours de 86 à 52 ;
- ✪ De 5 en 5 de 0 à 100 ;
- ✪ De 2 en 2 à rebours de 68 à 24.

Cette double page t'a-t-elle plu ? À toi de noter ton cahier de vacances !

Si les exercices étaient nuls : 1/5

Si c'était super : 5/5

Ta note : /5

Vérifie que tu as des crayons de différentes couleurs dans ta trousse pour faire les exercices de cette page.

DÉCOUVERTE

Sais-tu comment les animaux se reproduisent ?

Colorie d'une même couleur les couples maman-petit.

Coche la bonne case selon que l'animal pond ou non des œufs pour se reproduire.

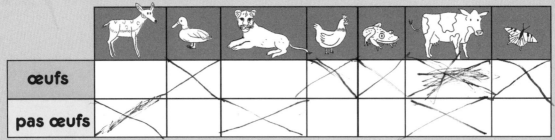

œufs							
pas œufs							

FRANÇAIS

Que dit le dragon ? Utilise le tableau pour déchiffrer ses paroles et écris-les dans la bulle.

HR GF EVFC IVELRI GZ KIRMXVHHV,

__ __ ____ _____ __ _____,

ZKKLIGV-NLR W'ZYLIW WF

_____ - ___ _'_____ __

XSZIYLM, QV NVFIH

_____, __ _____

WV UZRN !

__ ____!

A	B	C	D	E	F	G	H	I	J	K	L	M	N	O	P	Q	R	S	T	U	V	W	X	Y	Z
Z	Y	X	W	V	U	T	S	R	Q	P	O	N	M	L	K	J	I	H	G	F	E	D	C	B	A

Réponds oralement aux devinettes et complète les phrases avec les mots : **animaux – métiers – fruits.**

✪ Je soigne les gens quand ils sont malades. **Qui suis-je ?**
✪ Je fais la classe à des enfants. **Qui suis-je ?**
✪ Je sauve les gens et j'éteins des feux. **Qui suis-je ?**

Tous les 3, nous sommes des ....._métiers_.................................. .

✪ Ma peau est jaune, j'ai des pépins et je suis très acide. **Qui suis-je ?**
✪ Je suis verte, rouge ou jaune, on m'appelle granny ou golden. **Qui suis-je ?**
✪ Je suis rouge, très sucrée, je pousse pendant l'été et on me trouve aussi dans les bois. On me mange avec de la crème Chantilly. **Qui suis-je ?**

Tous les 3, nous sommes des ....._fruits_.................................. .

✪ Je vis dans la forêt et mon pelage est roux. **Qui suis-je ?**
✪ Je suis énorme, gris, et j'ai une trompe. **Qui suis-je ?**
✪ J'ai de grandes dents, une crinière et quand je rugis, tout le monde a peur. **Qui suis-je ?**

Tous les 3, nous sommes des ....._animaux_.................................. .

Un chimpanzé, c'est :

☒ un champignon qu'il ne faut pas manger.
☐ un singe.
☐ un champ où poussent des fleurs.

Utilise ta règle graduée pour tracer des flèches en fonction des indications de mesures données.

ASTUCE
Tiens fermement ta règle pour tracer des flèches bien droites.

3 cm

4 cm

5 cm

7 cm

II RÉCRÉ

Réponse : le 28.

Je suis un nombre à deux chiffres. Mon chiffre des unités est le 8, celui des dizaines est le 2. Qui suis-je ?

MATHÉMATIQUES

Indice n° 15
Quel animal meugle et vit dans une étable ?

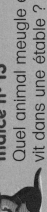

LE LOTO DES SONS

Pour jouer, il te faut
1 dé et 1 sablier.
Si tu n'en as pas,
compte jusqu'à 30.

Le but du jeu
est d'atteindre le
premier le château.
Le joueur le plus
jeune commence.
Il jette le dé et
avance du nombre
de cases indiqué.
Sur chaque case,
il doit accomplir
une épreuve. S'il
réussit en moins
de 30 secondes,
il rejoue. Sinon c'est
au tour du joueur
suivant.

Départ

épouvantable

princesse

INDEX

épouvantail

cauchemar

CHEVALIER

INDEX

Si tu tombes sur une case :
bleue : lis le mot malgré les taches !
jaune : retrouve le mot mélangé ;
rouge : saute autant de fois que tu lis de syllabes ;
verte : épelle le mot à l'envers ;
grise : passe ton tour ;
rose à pois : trouve 3 mots contenant le son indiqué ;
dé : rejoue ;
INDEX : retourne à la case Départ.

40

1
Déchiffre le rébus pour savoir ce que le chevalier dit au dragon.

B

X i

...../la /les

2
En t'aidant des dessins et des lettres déjà placés, complète la grille de mots.

C H A T E A U
H
E V A L I E R
A M U
L D R A G O N E

J
C
O R N E

P R I N C E S S E

S O R C I E R E

3
Entoure les 7 différences entre les deux dessins du tournoi de chevaliers.

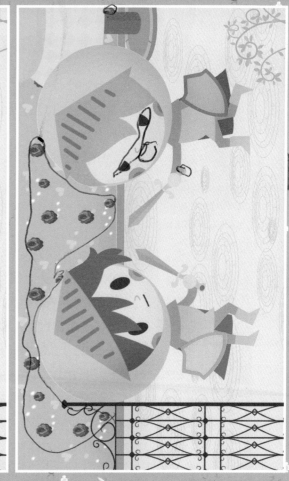

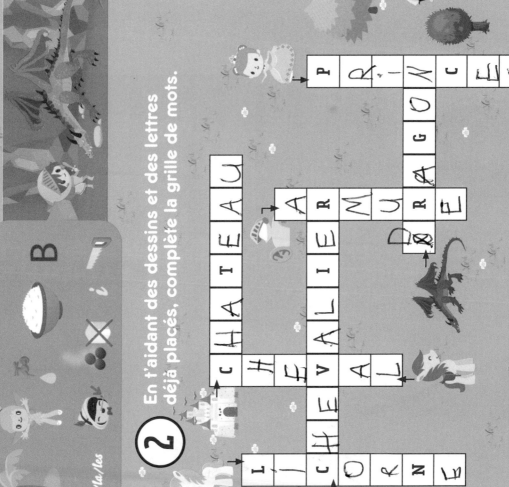

41

Allonge-toi par terre, contracte peu à peu tous tes muscles des orteils jusqu'au front puis relâche tous tes muscles en soufflant. Fais l'exercice 3 fois pour être bien concentré.

FRANÇAIS

Un courageux prisonnier

Au fond de sa prison, Jules Mêmepaspeur est désespéré : il a faim, il a froid, il a peur, et les rats n'arrêtent pas de grimper sur son armure.

– Quel cauchemar, murmure-t-il. Si quelqu'un pouvait me délivrer…

Soudain la porte s'ouvre et un homme immense s'avance vers lui.

– Ah, ah ! Les rats ne vous ont pas encore dévoré ! s'exclame le seigneur Piquetou en riant bruyamment.

– Laissez-moi partir, supplie le jeune homme. J'ai une mission à remplir…

– Je sais ! s'écrie Piquetou en ricanant, c'est moi qui ai fait enfermer votre fiancée dans le donjon. Et elle n'est pas prête d'en sortir. Vous êtes si peureux et maladroit !

Aussitôt le sang de Jules ne fait qu'un tour… Il fonce sur le seigneur et lui envoie un grand coup de poing dans l'estomac. Piquetou s'écroule. Le jeune chevalier en profite pour bondir vers la porte. D'un geste rapide, il referme le lourd cadenas.

As-tu bien compris les aventures de Jules ?
Remets les images dans l'ordre de 1 à 4.

MATHÉMATIQUES

Aide Jules à trouver le chemin le plus court jusqu'au donjon de sa fiancée. Pose les additions sur une feuille. **Mémo 11**

Le chemin le plus court est le numéro .... **. Il mesure** .... **kilomètres.**

C'est important la météo quand on est en vacances mais ce n'est pas facile de prévoir le temps qu'il va faire !
Quel temps fait-il aujourd'hui ? Regarde le ciel puis colorie en vert la date et le temps qu'il fait.

Et demain ? Renseigne-toi auprès des adultes ou écoute/regarde la météo à la radio ou à la télévision.
Colorie en jaune la date de demain et le temps annoncé.

lundi	mardi	mercredi	jeudi	vendredi	samedi	dimanche

1	2	3	4	5	6	7	8	9	10	11	12	13	14	15	16	17	18	19	20	21	22	23	24	25	26	27	28	29	30	31

mai	juin	juillet	août

Le vent

La température

TRÈS CHAUD

CHAUD

FRAIS

FROID

Le ciel

À la fin des deux jours, note si les prévisions étaient : ☒ justes ☐ fausses

Jules Mêmepaspeur a besoin d'une nouvelle cotte de maille et d'un heaume neuf. Combien de pièces d'or va-t-il dépenser en tout ?

28

Pose l'opération que tu dois faire avant d'écrire le résultat.

Il va dépenser .... pièces d'or.

45

43

AVANT DE COMMENCER

Imagine un paysage et décris dans ta tête tous les détails : relief, couleurs, odeurs, parfums, etc.

Entoure dans la grille les mots de la liste. Ils sont cachés dans le sens indiqué par les flèches.

Gentil ↓   Minuscule →   Mince ↓   Sage ↗
Méchant ↓   Énorme →   Triste ↓   Intrépide →
Grand ↗   Gai ↗

I	N	T	R	E	P	I	D	E	G
X	T	D	C	V	M	H	G	Z	E
Y	R	W	H	O	E	J	K	P	N
M	I	N	U	S	C	U	L	E	T
I	S	N	Q	D	H	I	V	P	I
N	T	Z	N	Y	A	F	H	E	L
C	E	A	M	G	N	Q	G	U	G
E	R	P	O	X	T	A	V	R	F
G	W	A	U	P	S	G	W	S	D
K	Y	Q	T	E	N	O	R	M	E

FRANÇAIS

Bli Bla Blou ...

Jules a rencontré un chevalier anglais qui ne comprend rien à notre langue. **Aide-le en reliant les articles aux noms.**

l' ⊛   ⊛ princesse
les ⊛   ⊛ chevalier
la ⊛   ⊛ épée
le ⊛   ⊛ dragons

MATHÉMATIQUES

Aide le chevalier à trouver la clé qui ouvre la porte du donjon !

Pars de la case (C8) et déplace-toi de :
✪ trois cases vers la droite ;
✪ puis de deux cases vers le bas ;
✪ puis de deux cases vers la droite ;
✪ puis de cinq cases vers le bas ;
✪ puis de six cases vers la gauche ;
✪ puis de deux cases vers le haut.

Dans quelle case se trouve la bonne clé ?
La clé se trouve dans la case ....

Louise dit : **« Je suis née en 1941. Raphaël, mon petit-fils, est né en 2006. »**
Pierre affirme : **« J'ai vu le jour en 1970. Juliette, ma fille, est née en 1998. »**

**Écris les prénoms
sous le bon dessin.**

En quelle année es-tu né(e) ? Et tes parents

**Colorie ensuite la vie de chacun sur les lignes du temps,
et écris son prénom en dessous.**

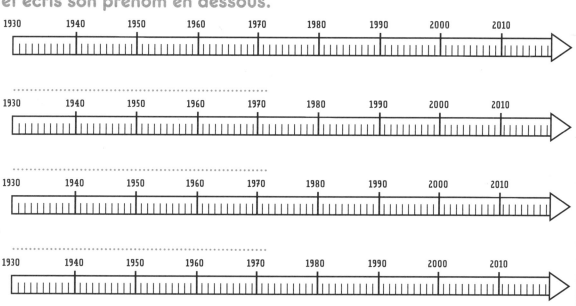

| 1930 | 1940 | 1950 | 1960 | 1970 | 1980 | 1990 | 2000 | 2010 |

**Écris ce que tu as le plus aimé
et le moins aimé apprendre
au CP cette année.**

⭐ J'ai le plus aimé :

⭐ J'ai le moins aimé :

**Invente une devinette et colle
tes parents.**

**Réfléchis à un animal, cherche
où il vit, ce qu'il mange et une
chose qui le rend spécial et dis
une phrase sur ce modèle :**

Je vis ...., je mange

.... et j'ai ....

Qui suis-je ?

**Ex. : Je vis dans la savane, je mange
des feuilles et j'ai un long cou. Qui suis-je ?**

Réponse : une girafe.

Coralie a ramassé 18 coquillages,
Solène en a ramassé 12.
Elles veulent se les partager pour que chacune en ait autant.
Combien de coquillages auront-elles chacune ?

Écris tes recherches sous forme de dessins ou de calculs.

Assieds-toi sur les
talons et respire fort
par le nez. Une fois
bien détendu, tu peux
faire tes exercices.

Elles auront chacune : .... coquillages

II
RÉCRÉ

Un 9 rencontre un 6. L'air surpris,
il lui demande :
– Tu es tombé sur la tête ?

Trouve un mot dans chaque catégorie,
et complète le tableau en t'aidant de l'exemple.

Animal	Métier	Fruit, légume ou fleur
M : manchot	M : marchand, menuisier	M : mandarine, muguet
A :	A :	A : ....
B :	B :	B : ....
P :	P :	P : ....

Indice n° 18
Quel animal
crachant du feu
Jules Mêmepaspeur
doit-il combattre ?

**Certains mots se sont transformés
dans ces phrases ! Corrige-les oralement.**

☼ Dans les oubliettes, il y a plein d'étoiles d'araignées.

☼ Azalée est très sérieuse. Elle est sage comme un fromage.

☼ Jules transpire à grosses gouttes, son dos est tout timide.

À la fête foraine, Floriane a renversé 2 quilles.

Combien de points a-t-elle obtenus ?   Elle a obtenu : .... points.

   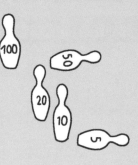

DÉCOUVERTE   Relie chaque personnage à l'équipement dont il a besoin pour se déplacer sans danger et à son véhicule.

Comment rouler en sécurité ?

Propose à des amis ou à tes parents de jouer avec toi.

Il te faut : quelques post-it ou des morceaux de papier et du scotch.

Règle du jeu : choisissez une catégorie (métier/animal/personnage célèbre ou héros/objet).

Chacun écrit un nom sur un post-it ou un morceau de papier et le colle sur le front de son voisin. Ensuite chacun à son tour doit deviner qui il est en posant des questions.

ASTUCE
Tu dois uniquement poser des questions auxquelles on peut répondre par « oui » ou par « non ».

L'eau est absolument indispensable à la vie des hommes mais elle est rare et précieuse. Certains pays en manquent beaucoup et il faut tout faire pour respecter ce don de la nature.

À LA DÉCOUVERTE DE L'EAU

Comment on rend l'eau douce potable ?

L'eau douce est naturellement bonne pour l'homme, on doit simplement lui faire un petit traitement de désinfection pour s'assurer qu'aucun microbe ne la salisse.

Dans de nombreux pays, l'eau n'est pas traitée dans une usine, alors les gens sont obligés de la faire bouillir longtemps pour qu'elle soit potable.

L'eau douce est rare !

Il y a seulement 3 % d'eau douce disponible sur Terre ! Et celle-ci n'est pas répartie équitablement sur le globe. Certains pays, comme la Russie ou le Canada, ont la chance d'avoir de grandes réserves d'eau mais d'autres pays, en Afrique par exemple, disposent de très peu d'eau.

3%

eau salée
eau douce

97%

x 10 000

1kg

L'eau est essentielle dans la vie de tous les jours

On s'en sert pour boire mais aussi pour se laver ou encore préparer les repas et faire la vaisselle ! L'eau est aussi très importante pour rester en bonne santé et avoir une bonne hygiène : pour éviter les microbes, il faut se laver les mains plusieurs fois par jour et prendre des douches régulièrement. On utilise aussi beaucoup d'eau pour l'agriculture et pour l'industrie. Par exemple, si on considère l'eau nécessaire pour l'alimentation et l'entretien du bœuf pendant les 3 ans que dure sa croissance, il faut 15 000 litres d'eau pour produire 1 kilo de bœuf, soit l'équivalent de 10 000 bouteilles d'eau !

De grandes inégalités !

L'eau potable qui coule au robinet de la maison est une invention récente et, aujourd'hui encore, une personne sur 6 dans le monde n'a pas du tout accès à l'eau potable, et 2 sur 6 ont des difficultés pour rendre leur eau consommable.

Un touriste dans un hôtel en Afrique consomme 7 à 10 fois plus d'eau pour se laver qu'un habitant local pour arroser son champ et nourrir sa famille.

Combien on consomme d'eau pour...

- faire fonctionner la chasse d'eau des toilettes ?
- prendre une douche ?
- remplir une baignoire pour un bain ?

La chasse au gaspillage !

Autrefois on pensait que l'eau était inépuisable ! Maintenant on sait que c'est un produit rare, qu'il ne faut pas gaspiller même si on a la chance de la voir facilement couler du robinet.

Fais une grosse grimace pour détendre tous les muscles de ton visage.

DÉCOUVERTE

Joue avec tes parents ou tes frères et sœurs au jeu des saveurs ! Cache-leur les yeux, avec un foulard par exemple, et fais-leur goûter ces ingrédients :

Sais-tu reconnaître les différentes saveurs ?

✪ un petit morceau de beurre

✪ une gorgée de café sans sucre

✪ une cuillère de confiture, de miel, ou un carré de chocolat

✪ quelques grains de sel

✪ quelques gouttes de jus de citron ou de vinaigre

Demande-leur de te dire ce qu'ils ont goûté. Remplis ensuite le tableau en mettant des croix dans les bonnes cases selon leurs réponses.

	Gras	Sucré	Acide	Salé	Amer
Confiture ou chocolat					
Sel					
Beurre					
Café					
Citron ou vinaigre					

FRANÇAIS

Aimes-tu l'histoire de Jules ? Saurais-tu la raconter ?

Relie les débuts et les fins de phrase qui vont ensemble.

Jules est ✪   ✪ essaie de le dévorer.

Il veut ✪   ✪ un valeureux chevalier.

L'affreux dragon ✪   ✪ est vraiment le plus fort !

Mais Jules ✪   ✪ délivrer sa fiancée.

Indice n° 19
Quel animal vit sur la banquise ?

Relie le nombre
écrit au bon dessin.

Sais-tu compter en anglais ?

one

two

four

five

three

ANGLAIS

Défi : sauras-tu compter jusqu'à 10, en anglais et en te tenant sur un pied ? Regarde le tableau des nombres pour bien le mémoriser, puis ferme ton cahier. Let's go!

1 = one   5 = five   8 = eight
2 = two   6 = six   9 = nine
3 = three   7 = seven 10 = ten
4 = four

Ⅱ RÉCRÉ

Réponse : le football.

Quel est le nom du sport, né en Angleterre et qui se joue la balle au pied ?

Complète le tableau en t'aidant de l'exemple.   mémo 3

Singulier	Pluriel
un chevalier	des chevaliers
un âne	des ânes
une grenouille	des grenouilles
un dragon	des dragons
une princesse	des princesses

Assieds-toi
dans une position
confortable,
ferme les yeux
et concentre-toi
10 secondes
sur ta respiration.
Maintenant,
tu es prêt à
travailler.

L'énigme du dragon

Plus rien ne résiste à notre chevalier et il escalade
les échelles à une vitesse folle ! Mais quand il arrive
devant la dernière porte, une surprise l'attend.
– Stop ! ordonne poliment le dragon. Pour délivrer Azalée,
il ne faut ni me tuer ni vous emparer de la clé. Vous devez
juste donner la bonne réponse à cette énigme :

> *Je me lève tous les jours sans bruit,*
> *Et pourtant je réveille tout le monde,*
> *Qui suis-je ?*

– Euh… laissez-moi réfléchir, dit Jules. Je ne vois pas…
Il se concentre tant qu'il a l'impression que son cerveau
va exploser !
– J'ai trouvé, hurle-t-il tout à coup.
Et il chuchote la réponse à l'oreille du dragon. Aussitôt
la porte s'ouvre et la belle Azalée se précipite dans
les bras de son fiancé.

Lis le texte puis réponds aux questions en entourant la bonne réponse.

1 Pour sauver Azalée, Jules doit tuer
le dragon et prendre la clé.   Vrai   Faux

2 Le dragon lui propose une énigme.   Vrai   Faux

3 Jules a du mal à trouver la réponse.   Vrai   Faux

4 Quand il l'a trouvée, il est si content
qu'il hurle la réponse au dragon.   Vrai   Faux

5 La porte s'ouvre et la belle Alizée se jette
dans les pattes du dragon.   Vrai   Faux

▮▮ RÉCRÉ

Un jeune caniche
demande à son père :
– Papa, je m'appelle
« Assis » ou « Couché » ?

FRANÇAIS

Oh, ces mots sont tout sales !
Sauras-tu les reconnaître sous leurs taches ?

Écris-les : ....
....

Fabrique tes bâtonnets glacés.

Il te faut : ✪ de l'eau ;
✪ du sirop ;
✪ des pots de petits-suisses vides et lavés ;
✪ des bâtonnets de sucette.

Sais-tu comment se forme la glace ?

1 Prépare du sirop avec de l'eau.

2 Verse le mélange dans les petits pots et mets-les dans le congélateur ou le bac à glaçons du réfrigérateur.

3 Au bout de 30 minutes environ, enfonce un bâtonnet de sucette dans chaque petit pot.

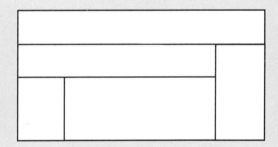

4 Laisse les petits pots encore une heure au congélateur.

Bon appétit !

Combien de rectangles se cachent dans cette figure ?

Il y a .... rectangles dans cette figure.

En t'aidant du modèle et à l'aide d'une règle, reproduis le château sur le quadrillage.

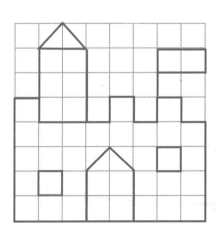

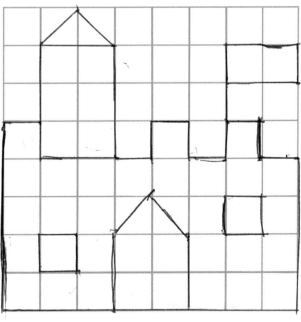

Indice n° 20
Quelle lettre manque dans le mot : – A – AN ?

Chante à tue-tête ta chanson préférée pour fêter la fin de ton cahier, tu l'as bien mérité !

II
RÉCRÉ

Trouve les verbes et entoure :
✪ en rouge les terminaisons du singulier (en « e ») ;
✪ en bleu les terminaisons du pluriel (en « ent »).

mémo 3

Jules trouve la réponse à l'énigme et délivre sa belle Azalée. Elle le trouve très courageux. Les dragons ne lancent plus de flammes et les rats dorment dans les oubliettes avec Piquetou. Jules et Azalée s'embrassent.

Jules donne de ses nouvelles à son ami Grégoire. Il est tellement malade qu'il ne sait plus quels mots utiliser.

Aide-le à terminer sa lettre en la complétant avec les mots suivants.

cousin – coussins – poison – poisson – désert – desserts

Sais-tu ce qu'on trouve au début de la fin ?

Réponse : la lettre F.

Oh ! là, là ! Je reviens d'une visite chez le chevalier Martin, mon ...., celui qui vit dans le .... Il m'a servi un de ces ....! Il avait un goût de .... d'eau douce, du vrai .... C'était tellement dégoûtant que j'ai vomi sur les .... Beurk !

Entoure en bleu les mots qui finissent en ier, en rouge les mots qui finissent en ieu, en vert les mots qui finissent en ien.

escalier   Indien   milieu   rien

pharmacien   pieu   vieux

adieu   combien   MIEUX   grenier

musicien   gardien

cerisier   curieux   MÉTIER

charcutier   moitié

Indice n° 21
Résous l'énigme de Jules : Je me lève tous les jours sans bruit, et pourtant je réveille tout le monde. Qui suis-je ?

Les chevaliers de différents pays font un concours de politesse mais ils ne sont pas d'accord sur ce qu'on peut faire ou pas !

Relie chaque pays à une coutume qui lui est propre.

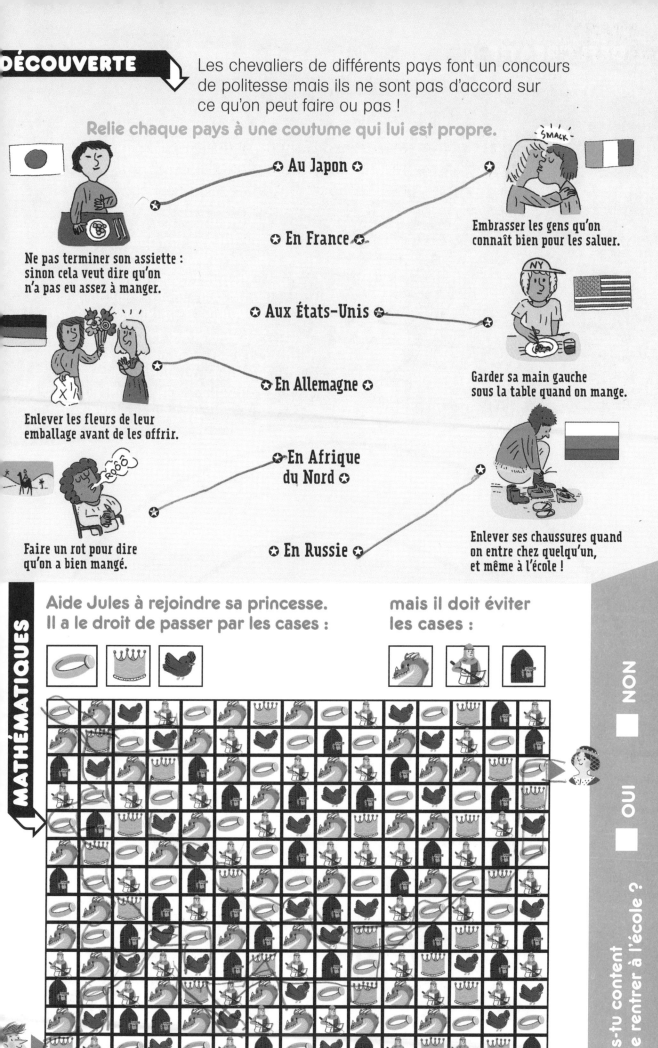

Au Japon

En France

Aux États-Unis

En Allemagne

En Afrique du Nord

En Russie

Ne pas terminer son assiette : sinon cela veut dire qu'on n'a pas eu assez à manger.

Enlever les fleurs de leur emballage avant de les offrir.

Faire un rot pour dire qu'on a bien mangé.

Embrasser les gens qu'on connaît bien pour les saluer.

Garder sa main gauche sous la table quand on mange.

Enlever ses chaussures quand on entre chez quelqu'un, et même à l'école !

MATHÉMATIQUES

Aide Jules à rejoindre sa princesse. Il a le droit de passer par les cases :

mais il doit éviter les cases :

Jules peut aussi se déplacer en diagonale.

Es-tu content de rentrer à l'école ?   OUI   NON

55

Construis un boa-mobile

Il te faut :

★ une feuille de papier ;

★ un crayon de papier ;

★ une paire de ciseaux ;

★ un morceau de fil ou de laine ;

★ des feutres ou des crayons de couleur.

Mode d'emploi

1. Pose ta feuille de papier sur le dessin et, avec ton crayon de papier, décalque le serpent.

2. Découpe le serpent en suivant les traits.

3. Décore-le à ton goût des 2 côtés.

4. Perce le trou dans la queue du serpent avec tes ciseaux ou un autre instrument pointu (demande à un adulte de t'aider).

5. Passe le fil par le trou et attache-le.

6. Ça y est, c'est terminé ! Accroche le mobile au plafond avec l'aide d'un adulte. Ton serpent bougera tout seul, grâce à la chaleur.

2ᵉ et dernière manche : comme page 17, chacun répond à son tour ou séparément, le plus vite possible. Comptez les points et vous saurez qui sera **vraiment** champion au CE1 l'an prochain.

Défis à deux

DÉFI PARENTS

Le premier qui trouve marque 1 point.
1. Citez 2 noms de métiers, 2 noms de fruits/légumes et 2 noms d'animaux commençant par B.
2. Citez 2 étapes de la croissance d'une plante.
3. Trouvez 5 mots contenant le son « o ».
4. Citez 2 couples de maman-petit.
5. Trouvez 4 mots contenant le son « ill ».
6. Citez 3 mots se rapportant à la campagne, et 3 à la ville.

Défis un contre un

1. Champion de calcul ?

– Comptez de 1 en 1 à rebours : de 74 à 57.

– Comptez de 5 en 5 : de 25 à 70.

– Comptez de 1 en 1 à rebours : de 957 622 à 957 586.

– Comptez de 5 en 5 : de 658 à 708.

2. Champion de vocabulaire ?

Un zygomatique, c'est :
– un enfant qui fait beaucoup de bêtises ;
– un muscle du visage ;
– un matelas de camping.

Un parangon, c'est :
– un avare ;
– un vantard ;
– un modèle.

3. Champion de devinettes ?

Je vis dans la forêt, je mange des petits cochons et des grand-mères et j'ai de très grandes dents. Qui suis-je ?

Je vis à Madagascar, je mange des fruits et des insectes et j'ai de très grands yeux ronds. Qui suis-je ?

4. Champion de géométrie ?
Comptez le nombre de carrés.

Alors, qui sera champion au CE1, toi ou tes parents ?

DÉFI 1		
DÉFI 2		
DÉFI 3		
DÉFI 4		
TOTAUX		

N'oubliez pas d'additionner les scores de la manche précédente !

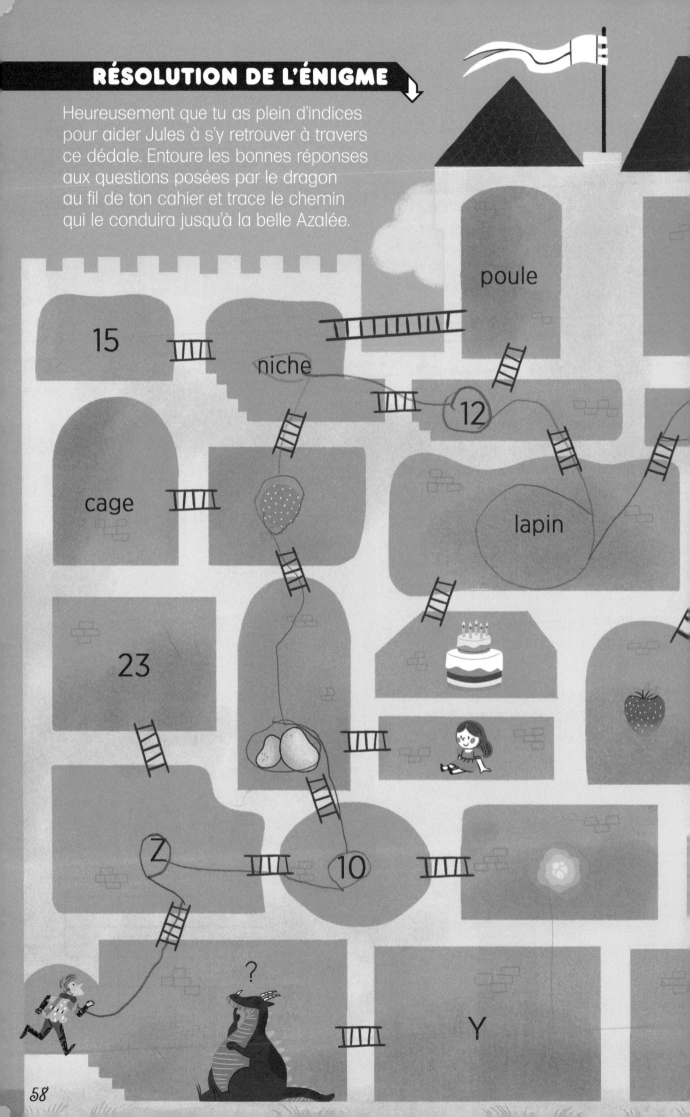

RÉSOLUTION DE L'ÉNIGME

Heureusement que tu as plein d'indices pour aider Jules à s'y retrouver à travers ce dédale. Entoure les bonnes réponses aux questions posées par le dragon au fil de ton cahier et trace le chemin qui le conduira jusqu'à la belle Azalée.

poule

15

niche

12

cage

lapin

23

Z

10

?

Y

❶ LES LETTRES

L'alphabet compte 26 lettres dont :

- ✪ **6 voyelles :** a, e, i, o, u, y.
- ✪ **20 consonnes :** b, c, d, f, g, h, j, k, l, m, n, p, q, r, s, t, v, w, x, z.

Les minuscules cursives

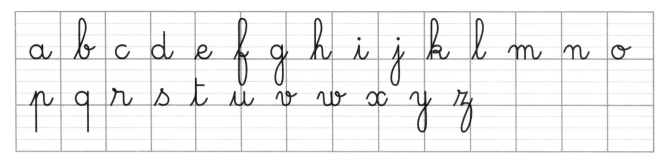

Les majuscules cursives

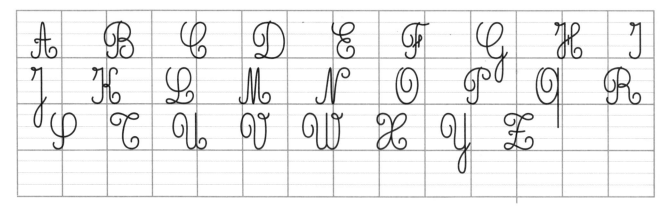

Les minuscules bâtons

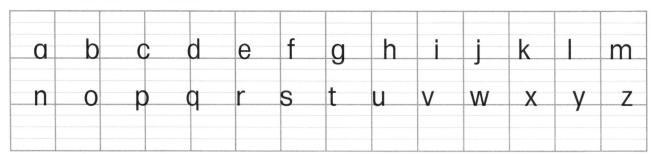

Les majuscules bâtons

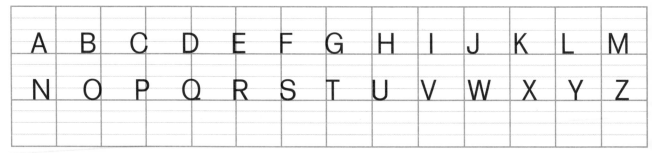

mémo

2 LA PHRASE

La phrase est un ensemble de mots qui veut dire quelque chose.
Elle commence par une majuscule et se termine par un point.

Ex. : Jules Mêmepaspeur vole au secours d'Azalée.

GRAMMAIRE

3 LE SINGULIER ET LE PLURIEL

Un nom est soit au singulier, soit au pluriel.
Le singulier, c'est lorsqu'il y en a un seul.
Ex. : un dragon.

Le pluriel, c'est lorsqu'il y en a plusieurs.
Ex. : des dragons.

C'est le déterminant qui l'indique :

- le, la, un, une… est suivi d'un nom au singulier ;

- les, des… est suivi d'un nom au pluriel.

Certains verbes se terminent par « e » au singulier.

Ex. : Jules saute sur son cheval.
(il y en a un seul)

D'autres se terminent par « ent » au pluriel.

Ex. : les dragons attendent Jules devant les portes du château.
(ils sont plusieurs)

VOCABULAIRE

4 LES MOTS-OUTILS sont invariables.

un – une – des – le – la – l' – les – sa – son – ses – et c'est – de – ne – pas – qui – que – quoi – dont – oui non – trop – assez – avec – sans – chez – tout – mais partout – pour – dans – bien – mal

6 LES MOTS-NOMBRE permettent d'écrire les nombres en lettres de zéro à cent.

Pour écrire les nombres de zéro à cent, on n'emploie que 23 mots-nombres.

Les 23 mots-nombre.

zéro	onze	vingt	cent
un	douze	trente	
deux	treize	quarante	
trois	quatorze	cinquante	
quatre	quinze	soixante	
cinq	seize		
six			
sept			
huit			
neuf			
dix			

On sépare les différents mots avec un trait d'union.

Ex : dix-sept, cent-trente-deux

NUMÉRATION

5 LES NOMBRES DE O À 99

0	1	2	3	4	5	6	7	8	9
10	11	12	13	14	15	16	17	18	19
20	21	22	23	24	25	26	27	28	29
30	31	32	33	34	35	36	37	38	39
40	41	42	43	44	45	46	47	48	49
50	51	52	53	54	55	56	57	58	59
60	61	62	63	64	65	66	67	68	69
70	71	72	73	74	75	76	77	78	79
80	81	82	83	84	85	86	87	88	89
90	91	92	93	94	95	96	97	98	99

OPÉRATIONS

⑦ LES COMPLÉMENTS À 10

0 + 10 = 10   6 + 4 = 10

1 + 9 = 10   7 + 3 = 10

2 + 8 = 10   8 + 2 = 10

3 + 7 = 10   9 + 1 = 10

4 + 6 = 10   10 + 0 = 10

5 + 5 = 10

⑧ LES DOUBLES

0 + 0 = 0

1 + 1 = 2

2 + 2 = 4

3 + 3 = 6

4 + 4 = 8

5 + 5 = 10

6 + 6 = 12

7 + 7 = 14

8 + 8 = 16

9 + 9 = 18

10 + 10 = 20

⑨ LA DIZAINE ET L'UNITÉ

Dans un nombre de deux chiffres, **le premier chiffre** indique le nombre des dizaines (**d**).
Le second chiffre est celui des unités (**u**).

d	u
4	8

48, c'est **4** dizaines et **8** unités

10 unités = 1 dizaine (**10**)

10 dizaines = 1 centaine (**100**)

⑩ L'ADDITION, c'est ajouter plusieurs nombres pour trouver leur somme.

La somme est le résultat de l'addition : 6 est la somme de 4 + 2.

Une addition de nombres à un chiffre

peut se poser en ligne : (2 + 4 = 6)   ou verticalement :

```
  2
+ 4
= 6
```

Pour additionner deux nombres à deux chiffres,
on pose l'addition en respectant le rang de chaque chiffre :
les unités sous les unités, les dizaines sous les dizaines.

On additionne d'abord les unités puis les dizaines.
Le résultat s'écrit sous le trait.

	d	u
	2	3
+	1	5
=	3	8

⑪ L'ADDITION AVEC RETENUE

On pose l'addition en respectant le rang de chaque chiffre :
les unités sous les unités, les dizaines sous les dizaines.

	d	u
	1	
	4	6
+	2	5
=	7	1

1. On additionne les unités : 6 + 5 = 11.
On pose 1 dans la colonne des unités
et on retient 1 dans la colonne des dizaines.
2. On additionne les dizaines et la retenue :
1 + 4 + 2 = 7.
3. Le résultat est : 71.

GÉOMÉTRIE

12 LES FORMES GÉOMÉTRIQUES

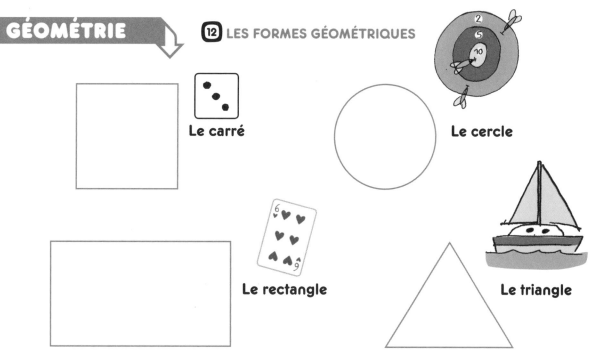

Le carré

Le cercle

Le rectangle

Le triangle

13 LA MONNAIE

DÉCOUVERTE

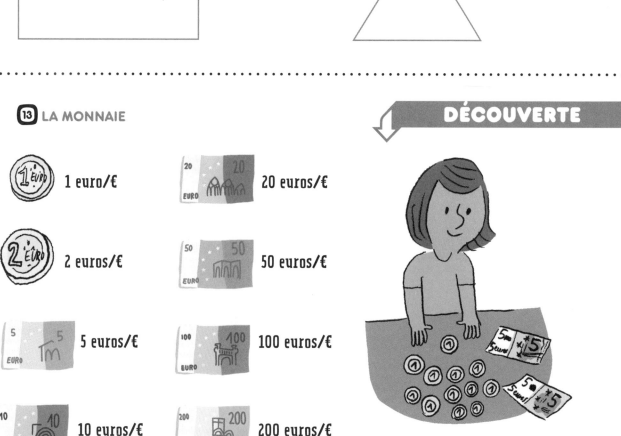

1 euro/€

20 euros/€

2 euros/€

50 euros/€

5 euros/€

100 euros/€

10 euros/€

200 euros/€

14 LES NUMÉROS D'URGENCE

15   Le SAMU

18   Les pompiers

17   La police

112   Le numéro d'urgence en Europe

BRAVO CHEVALIER !
TU AS FINI TON CAHIER !
BONNE RENTRÉE...
ET À L'ÉTÉ PROCHAIN POUR
DE NOUVELLES AVENTURES !

Crédits photographiques

p. 8 : **Fotolia** © axily
p. 9 : **Istock** © Lucyna Koch
p. 24-25, p. 47-48 : **D.R.**

© Éditions Play Bac 2013.
33, rue du Petit-Musc, 75004 Paris – www.playbac.fr

ISBN : 978-2-8096-4905-5 – Dépôt légal : mai 2013.
Imprimé en France par l'imprimerie Pollina – Luçon - L23709B.